telc

Einfach gut! International

Deutsch als Fremdsprache A1.1
Kurs- und Arbeitsbuch

Milena Angioni
Ines Hälbig

telc gGmbH
Bad Homburg

Einfach gut! International
Bearbeitung der internationalen Ausgabe Jessica Perl
Autorinnen Milena Angioni, Ines Hälbig
Mitarbeit Vicky Dreßler, Annette Frisch, Gabriele Hoff-Nabhani, Rotraud Koll, Andrea Neuhaus, Anastasia Proyss, Jacqueline Thommes
Phonetik Franca Malcharowitz, Anni Müller
Begutachtung Christian Gabriel-Junk, Hans Rohrer, Dorothee Thommes
Fotografie Jan Kocovski
Zeichnungen Lisa Frühbeis
Layout basierend auf dem Layout von Martina Weismann
Satz Graph & Glyphe /// Büro für Ausdrucksstärke
Layout der Tests Bernd Rohs
Tonaufnahmen Audimax Kreation in Bild und Ton GmbH
Marilyn Janssen und Gerd Nesgen / .ping Tonstudios (Köln)
ten7.ton.studio

Besonderer Dank gilt dem Bundesarbeitskreis Sprachen des Deutschen Volkshochschul-Verbands e.V. für seine wertvolle Unterstützung. Als ergänzende Online-Komponente empfehlen wir die vom Deutschen Volkshochschul-Verband entwickelte kostenlose Lernplattform www.a2.vhs-lernportal.de.

Darüber hinaus finden Sie weitere Informationen zum Lehrwerk unter:
www.telc.net/lehrmaterialien.

1. Auflage 2024

www.telc.net
Printed in Germany

telc Order-Nr: V01-4012-BAA-2401A
ISBN: 978-3-910223-08-0

Liebe Leserin, lieber Leser,

wir freuen uns, Ihnen **Einfach gut! International** zu präsentieren, unser Grundstufenlehrwerk für den Einsatz in Deutschkursen weltweit. Es basiert auf dem bewährten Lehrwerk **Einfach gut!** und bereitet Lernende sprachlich auf ihr Leben in einem deutschsprachigen Land vor. Die Teilnehmenden lernen anhand vielfältiger Inhalte aus Alltag und Beruf, sich adäquat auf Deutsch zu verständigen und ihre Meinung zu äußern. Sie werden schrittweise an den Austausch über interkulturelle Erfahrungen herangeführt.

Einfach gut! International

- greift alle relevanten Themen zu Alltag und Beruf in zyklischer Progression auf.
- bereitet systematisch auf Aufgaben im Prüfungsformat vor.
- bietet viele Extras: Zwischentests zur Lernzielkontrolle, ein integriertes Kapitel zum Aussprachetraining und zusätzliche Übungen zum Lernwortschatz.
- orientiert sich konsequent am Gemeinsamen europäischen Referenzrahmen für Sprachen.
- enthält Übungstests zu den Sprachprüfungen auf den Niveaus A1, A2 und B1.

Einfach gut! International macht sowohl das Unterrichten als auch das Lernen so einfach wie möglich. Das Lehrwerk unterstützt Sie optimal bei der Vorbereitung Ihrer Kursteilnehmenden auf die Prüfungen zum Nachweis von Deutschkenntnissen für Aufenthalt, Einbürgerung oder Berufsanerkennung.

Der vorliegende Band ist der erste von sechs Teilbänden unseres dreistufigen Lehrwerks. Zusammen mit A1.2 führt der Band A1.1 zu Niveau A1 und bereitet auf den Test *Start Deutsch 1/telc Deutsch A1* vor. Nach Abschluss dieses Bandes kann man sich bereits in ganz einfachen alltäglichen und beruflichen Situationen verständigen.

Die **Audiodateien**, die **Lösungen**, die **Hörtexte** und weitere **kostenlose Downloads** finden Sie im Downloadbereich auf unserer Webseite. Die Audiodateien finden Sie außerdem in der App **telc Deutsch-Box**, die Sie in Ihrem App-Store kostenlos herunterladen können.

Erfahrene Kursleiterinnen und Kursleiter haben uns bei der Entwicklung aller Produkte rund um **Einfach gut! International** beraten. Wir freuen uns, Ihnen mit **Einfach gut! International** ein Lehrwerk vorlegen zu können, das passgenau im DaF-Unterricht eingesetzt werden kann.

Viel Erfolg und Spaß wünscht Ihnen Ihr

Geschäftsführer telc gGmbH

Inhalt

Die wichtigsten Abkürzungen und Symbole

m. maskulin

f. feminin

n. neutral

Pl. Plural

Sg. Singular

-- keine Veränderung im Plural (z. B. Becher/--)

--- kein Artikel (z. B. ein Tisch/--- Tische)

leichtere Übung

anspruchsvollere Übung

richtig

falsch

1 Hörübung mit Trackangabe

Verweis auf eine Übung im Kursbuchteil

TIPP 1

Wiederholen Sie jeden Tag 15 Minuten alles Neue aus dem Unterricht.

TIPP 2

Lernen Sie Fragen und Antworten am besten zusammen.

▶ Wie geht es Ihnen?
▷ Gut, danke.

TIPP 3

Schreiben Sie neue Wörter auf Post-its und kleben Sie sie an Gegenstände.

TIPP 4

Lernen Sie Nomen immer mit Plural: **der** Tisch, **die** Tische

TIPP 5

Lernen Sie Wörter in Paaren.

der Tisch und der Stuhl
das Buch und das Heft
das Brot und das Brötchen

TIPP 6

Zeichnen Sie neue Wörter.

das Bett 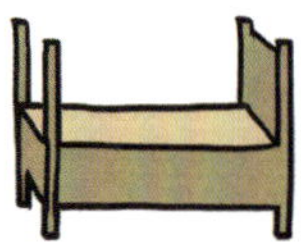

die Waschmaschine 

TIPP 7

Lernen Sie Wörter in Sätzen.

trinken – Kaffee – Tee
Ich trinke gern Tee. Kaffee mag ich nicht so sehr.

1

Hallo! Wie geht's?

1 Wie heißen Sie?

2 **a** Hören Sie und lesen Sie.

Tayo Okoye

1 ▶ Guten Tag. Mein Name ist Ella Krüger. Und wie heißen Sie?
▷ Tayo Okoye.
▶ Wie bitte? Tayo ...
▷ Okoye. Tayo Okoye.

Ella Krüger

Karim Moussa

2 ▶ Hallo. Ich heiße Karim Moussa. Und Sie?
▷ Mein Name ist Rabia Navid.
▶ Entschuldigung, wie ist Ihr Name?
▷ Rabia Navid.

Rabia Navid

b Ergänzen Sie.

Ana: Guten *Tag*. Ich ......2...... Ana Schmidt. Und Sie?
Laura: Mein ......3...... ist Laura Salewska.
Ana: ......4......, wie ist Ihr Name?
Laura: Salewska. Laura Salewska.

c Fragen Sie und antworten Sie.

2 Woher kommen Sie?

a Schreiben Sie die Dialoge. Hören Sie dann die Dialoge. 3

1 Karim: Guten Tag. *Mein Name ist* .... Karim Moussa.
Laura: Guten Tag. Ich bin Laura Salewska.
....
Karim: Aus Syrien. ....
Laura: ....

2 Miguel: Frau Navid, *woher kommen Sie?*
Rabia: Ich komme ....
Miguel: ....
Rabia: ....

- Aus Polen.
- Woher kommen Sie?
- ~~Mein Name ist ...~~
- Und Sie?
- Nein, aus dem Iran.
- ~~woher kommen Sie?~~
- Aus dem Irak?
- aus dem Iran.

b Rollenspiel: Wählen Sie eine Person. Ihr Partner/Ihre Partnerin wählt eine andere Person. Üben Sie zusammen Dialoge: Wie heißen Sie? Woher kommen Sie?

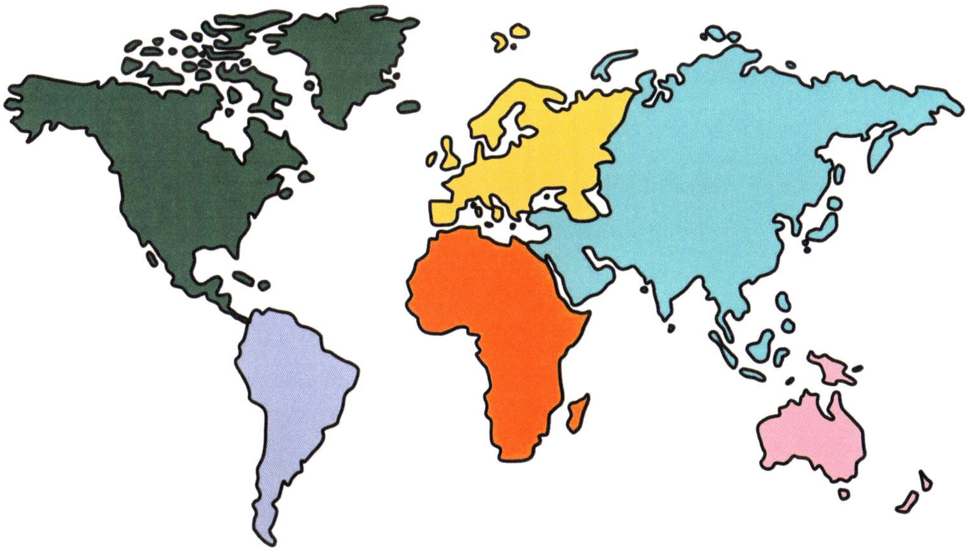

Ich komme aus ...

Indien/Brasilien/Mexiko/Kenia/Pakistan/Rumänien/Vietnam/Syrien/Tunesien ...
der Türkei/Ukraine ...
dem Iran/Irak ...

3 Guten Tag und auf Wiedersehen

a Was sagen Sie wann? Ordnen Sie zu.

~~Guten Morgen.~~ | Guten Abend. | Guten Tag. | Hallo. | Tag. | Morgen.

Guten Morgen, ...

Auf Wiedersehen. | Tschüss. | Bis morgen. | Gute Nacht.

b Wie grüßen Sie Ihre Freunde in Ihrer Muttersprache? Wie grüßen Sie Ihre Chefin/Ihren Chef? Vergleichen Sie mit der deutschen Sprache. Sprechen Sie mit Ihrer Partnerin/Ihrem Partner (bei Bedarf in einer anderen Sprache).

4 *Du* oder *Sie*?

4 **a** Hören Sie und lesen Sie.

1
▶ Guten Morgen. Ich bin Miguel García Fernández.
▷ Guten Morgen. Mein Name ist Laura Salewska. Woher kommen Sie, Herr García Fernández?
▶ Aus Spanien. Und Sie?
▷ Aus Polen.

2
▶ Hallo. Ich bin Tayo.
▷ Entschuldigung, wie heißt du?
▶ Tayo.
▷ Ah. Ich bin Ana. Woher kommst du?
▶ Aus Nigeria.

b Lesen Sie.

Sie	**du**
Woher **kommen Sie**?	Woher **kommst du**?
Wie **heißen Sie**?	Wie **heißt du**?
Wer **sind Sie**?	Wer **bist du**?

ich	komme	heiße	**bin**
du	kommst	heißt	**bist**
Sie	kommen	heißen	**sind**

c Fragen Sie mit *du* und antworten Sie.

Wer bist du?

Wie heißt du?

Woher kommst du?

Ich heiße …

Ich bin …

Ich komme aus …

5 Wie geht's?

a Was passt? Schreiben Sie.

Sehr gut, danke. | Gut, danke. | Es geht so. | Nicht so gut.

1 .... 2 .... 3 .... 4 ....

b Hören Sie die Dialoge. 5

▶ Guten Morgen, Frau Krüger.
▷ Morgen, Herr Moussa. Wie geht es Ihnen?
▶ Gut, danke. Und Ihnen?
▷ Auch gut.

▶ Hallo, Julia.
▷ Hallo, Alex. Wie geht es dir?
▶ Na ja, es geht so. Und dir?
▷ Ach, ganz gut.

c Fragen Sie und antworten Sie.

*Wie geht es **dir**?*

Nicht so gut.

*Wie geht es **Ihnen**?*

Gut, danke.

Ach, ganz gut.

Sehr gut, danke. Supergut!

Na ja, es geht so.

6 Fragen

Ergänzen Sie die Fragen.

geht | kommen | sind | heißen

bist | heißt | kommst | geht

1 Wie .... Sie?
2 Wie .... es Ihnen?
3 Wer .... Sie?
4 Woher .... Sie?

5 Wie .... du?
6 Wie .... es dir?
7 Wer .... du?
8 Woher .... du?

7 Welche Sprachen sprechen Sie?

Fragen und antworten Sie.

WER?	WELCHE SPRACHE(N)?
Miguel	Spanisch, Englisch
Karim	Arabisch
...	...

Sprachen

Arabisch	Indonesisch
Bulgarisch	Italienisch
Englisch	Koreanisch
Farsi	Polnisch
Filipino	Portugiesisch
Französisch	Russisch
Griechisch	Türkisch
Hindi	Urdu

Welche Sprachen	**sprichst** du?	W-Frage
Ich	**spreche** Deutsch.	Aussage
Sprechen	Sie Englisch?	Ja-/Nein-Frage
Ja, ich	**spreche** Englisch.	Aussage

du
Welche Sprachen **sprichst du?**

Sie
Welche Sprachen **sprechen Sie?**

8 *Ja* oder *nein*?

6 **a** Hören Sie und lesen Sie.

1
▶ Sprechen Sie Spanisch?
▷ Ja, ich spreche Spanisch und Englisch und ein bisschen Deutsch.

2
▶ Sprechen Sie Arabisch?
▷ Nein, Bulgarisch. Und Sie?
▶ Französisch und Arabisch.

3
▶ Kommen Sie aus Eritrea?
▷ Nein, aus Nigeria.

4
▶ Kommen Sie aus Syrien?
▷ Ja, ich komme aus Aleppo.

5
▶ Sind Sie Joana Okoye?
▷ Ja, richtig.

6
▶ Sind Sie Daniel Meyer?
▷ Nein, ich bin Karim Moussa.

b Ergänzen Sie die *du*-Form.

Sie sprechen	Sie kommen	Sie sind
du ....1............	du ....2............	du ....3............

c Schreiben Sie die Fragen aus den Dialogen mit *du*.

9 *Sie* oder *er*?

a Lesen Sie.

Das ist Maria.
Sie kommt aus Portugal.
Sie spricht Portugiesisch und Spanisch.

Das ist Adil.
Er kommt aus Marokko.
Er spricht Arabisch und Deutsch.

b Schreiben Sie.

Name: *Andreas Huber*
Land: *die Schweiz*
Sprachen: *Deutsch*
Französisch

Das ist ……………………………………
……………………………………
……………………………………
……………………………………

c Fragen Sie im Kurs.

Wer ist das? — *Das ist …*

Woher kommt er/sie? — *Er/sie kommt aus …*

Welche Sprachen spricht er/sie? — *Er/sie spricht …*

er/sie	kommt
er/sie	heißt
er/sie	spricht
er/sie	**ist**

10 Lebender Satz

Schreiben Sie jedes Wort auf ein Blatt Papier. Bilden Sie Sätze.

aus	kommst
Deutsch	Sprache
du	spreche
Englisch	sprichst
Ich	Welche
Italien	Woher
komme	

Sprachbausteine

Guten Tag

Guten Morgen, Frau Krüger.
Guten Tag, Laura.
Guten Abend.
Hallo, Tayo.

Auf Wiedersehen

Auf Wiedersehen, Herr Moussa.
Tschüss, Miguel.
Gute Nacht, Ana.

Wie geht es Ihnen?

Wie geht es Ihnen?	Sehr gut, danke.
	Gut, danke.
Wie geht es dir?	Ganz gut.
	Es geht so.
Wie geht's?	Nicht so gut.

Wie heißen Sie?

Wie heißen Sie?	Ich heiße Miguel García Fernández.
	Mein Name ist Joana Okoye.
Wie heißt du?	Ich heiße Rabia.
Wer ist das?	Das ist Karim.
	Ich weiß es nicht.

Woher kommen Sie?

Woher kommen Sie?	Aus Griechenland.
Woher kommst du?	Aus dem Iran.
	Aus der Türkei.

Welche Sprachen sprechen Sie?

Welche Sprache sprechen Sie?	Arabisch.
Welche Sprachen sprichst du?	Türkisch und ein bisschen Englisch.

Grammatik

Aussage

Ich	bin	Ella Krüger.
Ana	spricht	Bulgarisch.
Mein Name	ist	Daniel.

W-Frage

Wie	heißt	du?
Woher	kommst	du?
Wer	ist	das?

Ja-/Nein-Frage

Sprichst	du	Deutsch?
Kommen	Sie	aus Eritrea?
Sind	Sie	Frau Krüger?

Verben

	kommen	heißen	sprechen	sein
ich	komme	heiße	spreche	**bin**
du	kommst	heißt	sprichst	**bist**
er/sie/...	kommt	heißt	spricht	**ist**
Sie/...	kommen	heißen	sprechen	**sind**

2

Meine Familie und ich

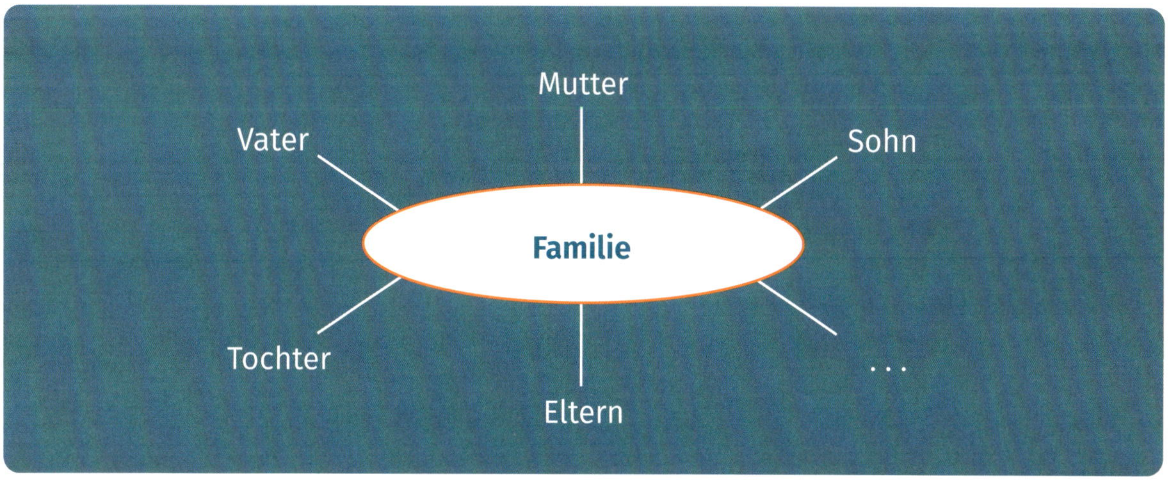

1 Meine Familie

7 **a** Hören Sie und ergänzen Sie.

Bruder | Frau | Mann | Schwägerin | Schwester | Schwiegervater | Sohn | Tochter | Vater

Akono: „Das ist meine Familie. Meine Kinder sind mein ....1.......... Tayo und meine ....2.......... Joana. Meine Schwiegertochter heißt Michaela."

Joana: „Hier ist mein ....3.......... Akono. Und das sind mein ....4.......... Tayo und meine Schwägerin Michaela."

Michaela: „Hier sind mein ....5.......... Tayo, meine ....6.......... Joana und mein ....7.......... Akono."

Tayo: „Hier ist mein Schatz, meine ....8.......... Michaela. Das sind mein Vater Akono und meine ....9.......... Joana."

b *Mein* oder *meine*? Ergänzen Sie.

..........1.......... Vater / Sohn / Bruder

..........2.......... Mutter / Tochter / Schwester

..........3.......... Eltern / Geschwister / Kinder

c *Sind* oder *ist*? Ergänzen Sie.

Wer ist das? 1 Das .... mein Bruder.

Und wer ist das? 2 Das .... meine Eltern.

3 Und das .... meine Schwester.

Das **sind** meine Kinder.
Das **ist** meine Tochter.

d Wer sind die Personen auf dem Bild in 1a? Beschreiben Sie die Familie.

Das ist Akono. Er ist der Vater von ...

Das ist Tayo. Er ist ...

2 Zahlen 0–20

8 **a** Ergänzen Sie. Hören Sie und sprechen Sie nach.

0	1	2	3	4	5	6	7	8	9	10
null	.....	.....	.....	.....	.....	.....	.....	.....	.....	.....
	11	12	13	14	15	16	17	18	19	20
	elf	*zwölf*	*dreizehn*	*vierzehn*	*fünfzehn*	*sechzehn*	*siebzehn*	*achtzehn*	*neunzehn*	*zwanzig*

9 **b** Welche Zahlen hören Sie?

1 a ☐ 13 16 19 b ☐ 17 16 19 c ☐ 13 17 19

2 a ☐ 4 14 15 b ☐ 14 15 4 c ☐ 4 15 14

3 a ☐ 12 18 20 b ☐ 11 18 20 c ☐ 12 18 10

3 Das sind wir.

	haben
ich	habe
du	hast
er/sie/...	hat
wir	haben
...	...
.../Sie	haben

a Was passt?

1 Wir habe | hast | haben ein Kind.
2 Mein Bruder habe | hast | hat keine Kinder.
3 Und du? Hast | Hat | Haben du Kinder?
4 Das ist Ewa. Sie hast | hat | haben zwei Kinder.

b Lesen und ergänzen Sie. Hören Sie dann und vergleichen Sie. 10

verheiratet | geschieden | Deutsch | Französisch | zwei Kinder | ein Kind

Ich bin ....1............ . Mein Mann heißt Adam.
Wir kommen aus Polen, aber wir leben in Deutschland.
Wir haben ....2............ . Wir sprechen Polnisch und ....3............ . Mein Sohn spricht nur Deutsch.

c Schreiben Sie über Ihre Familie.

Ich bin verheiratet. Mein Mann heißt ...
Wir kommen aus ...

Wir kommen **aus** ...
Wir leben/wohnen **in** ...

4 Fragen und Antworten

	wohnen
ich	wohne
du	wohnst
er/sie/...	wohnt
wir	wohnen
...	...
.../Sie	wohnen

a Was passt?

1 Sind Sie verheiratet? — a Das ist meine Tochter.
2 Haben Sie Kinder? — b Aus Rumänien.
3 Wo wohnen Sie? — c Nein, ich bin geschieden.
4 Woher kommen Sie? — d In Frankfurt.
5 Wer ist das? — e Ja, zwei.

b Fragen Sie und antworten Sie.

Wie alt ist Ihre Tochter/Ihr Sohn?
Haben Sie Kinder?
Sind Sie verheiratet?
Woher kommen Sie?

Wie viele Kinder haben Sie?
Wie viele Geschwister haben Sie? Brüder oder Schwestern?
Wo wohnen Sie?

5 Buchstabieren Sie bitte.

11 **a** Hören Sie den Dialog. Welches Bild passt?

1 

2 

3 

12 **b** Hören Sie und sprechen Sie nach.

Aa Bb Cc Dd Ee Ff Gg Hh Ii Jj Kk Ll Mm
Nn Oo Pp Qq Rr Ss Tt Uu Vv Ww Xx Yy Zz
Ää Öö Üü ß

13 **c** Was hören Sie?

1 ☐ Schmitt | ☐ Schmitz 2 ☐ Jelinski | ☐ Gelinski 3 ☐ Voss | ☐ Voß
4 ☐ Hibner | ☐ Hübner 5 ☐ Beier | ☐ Beyer 6 ☐ Clement | ☐ Clemens

14 **d** Hören Sie und sprechen Sie nach.

z **z**wei, **z**ehn, **z**wölf, drei**z**ehn, **z**wanzig
s **S**ohn, **s**echs, **s**ieben, **s**iebzehn
sch **Sch**wester, ge**sch**ieden, Deut**sch**, Spani**sch**
ß Ich hei**ß**e ... Ich wei**ß** nicht.

6 Wie bitte?

Wer ist im Kurs? Fragen Sie und antworten Sie. Buchstabieren Sie und schreiben Sie.

Wie ist Ihr Name?

Buchstabieren Sie bitte.

Karim Moussa.

Mein Nachname ist Moussa: M-O-U-S-S-A.

Vorname: *Karim*
Nachname: *Moussa*

Vorname: ....
Nachname: ....

Vorname: ....
Nachname: ....

Vorname: ....
Nachname: ....

Noch einmal bitte.
= Wie bitte?

7 Wie ist Ihre Adresse?

a Hören Sie und ergänzen Sie die Zahlen. 15

▶ Guten Morgen.

▷ Guten Morgen. Willkommen im Kindergarten Zwergenland.
Sind Sie Herr Jankowski?

▶ Ja, richtig. Adam Jankowski.

▷ Sie möchten ein Kind bei uns anmelden.

▶ Ja, ... 1 ...., meinen Sohn und meine Tochter.
Henryk ist drei und Maya ist fünf.

▷ Sind Sie verheiratet?

▶ Ja, meine Frau heißt Gabriela.

▷ Woher kommen Sie, Herr Jankowski?

▶ Aus Polen. Aber wir wohnen jetzt in Deutschland.

▷ Wie ist Ihre Adresse?

▶ Berliner Straße .... 2 .... in .... 3 .... Köln.

▷ Und wie ist Ihre Telefonnummer?

▶ .... 4 ....

▷ Gut. Danke, Herr Jankowski. Füllen Sie bitte noch das Formular aus.

b Hören Sie noch einmal. Richtig oder falsch? 15

		✓	✗
1	Herr Jankowski hat drei Kinder.	☐	☐
2	Maya ist fünf Jahre alt.	☐	☐
3	Henryk ist acht.	☐	☐
4	Herr Jankowski ist geschieden.	☐	☐
5	Herr Jankowski kommt aus Polen.	☐	☐

c Ergänzen Sie.

Nachname = Familienname

Anmeldung Kindergarten Zwergenland

Nachname	*Jankowski* 1
Vorname	2
Heimatland	3
Adresse	4
Telefonnummer	5
Familienstand	6 ☐ verheiratet ☐ ledig ☐ geschieden ☐ verwitwet
Kinder	7

8 Zahlen 21–100

16 **a** Hören Sie und sprechen Sie nach.

21 einundzwanzig
22 zweiundzwanzig
23 dreiundzwanzig
24 vierundzwanzig
25 fünfundzwanzig
26 sechsundzwanzig
27 siebenundzwanzig
28 achtundzwanzig
29 neunundzwanzig

30 dreißig
40 vierzig
50 fünfzig
60 sechzig
70 siebzig
80 achtzig
90 neunzig
100 (ein)hundert

b Lesen Sie die Zahlen.

17 **c** Welche Zahlen hören Sie?

☐ 44 | ☐ 54 ☐ 60 | ☐ 70 ☐ 21 | ☐ 28 ☐ 39 | ☐ 93
☐ 86 | ☐ 87 ☐ 33 | ☐ 23 ☐ 52 | ☐ 62 ☐ 76 | ☐ 67

9 Wie alt ist sie? Wie alt sind sie? Wie alt sind Sie?

Das ist Ella Krüger.
Wie alt **ist sie**?
Sie ist 45 Jahre alt.

Das sind Michaela und Tayo.
Wie alt **sind sie**?
Sie sind 31 und 30 Jahre alt.

Und Sie?
Wie alt **sind Sie**?
Ich bin .... Jahre alt.

	sein
ich	**bin**
du	**bist**
er/sie/...	**ist**
...	...
...	...
sie/Sie	**sind**

a Was ist richtig?

1 Ich habe eine Tochter. – Wie alt (ist sie/sind sie)?
2 Wie alt (sind sie/sind Sie), Herr Müller? – Ich bin 44 Jahre alt.
3 Das sind meine Kinder. – Wie alt (sind sie/sind Sie)?

b Fragen Sie und antworten Sie.

Wie alt sind Sie?

Ich bin ... Jahre alt. Und Sie?

***sie**, **sie** oder **Sie**?*

10 Wie ist ...?

a Schreiben Sie die Fragen.

1 Nachname | Ihr | Wie | ist | ? *Wie ist Ihr Nachname?*

2 Ihr | ist | Vorname | Wie | ? .... ?

3 Kinder | Sie | Haben | ? .... ?

4 Telefonnummer | Ihre | ist | Wie | ? .... ?

5 Sie | verheiratet | Sind | ? .... ?

6 Wie | Adresse | ist | Ihre | ? .... ?

b Schreiben Sie die Antworten.

Mein Nachname ist ...

11 Fragen zur Person

Info:
Jede Stadt in Deutschland hat eine Postleitzahl (PLZ). In großen Städten gibt es oft mehrere Postleitzahlen für verschiedene Stadtteile.

a Lesen Sie die Adresse. Was ist was?

Wohnort | Hausnummer | Postleitzahl | Straße

1 .... — **Bahnhofstraße** **96** — 3 ....

2 .... — **17489** **Greifswald** — 4 ....

b Arbeiten Sie zu zweit.
Fragen Sie und schreiben Sie.

Wie ist deine Hausnummer? *Wie bitte?*

Familienname ....
Vorname ....
Heimatland ....
Sprachen ....
Straße, Hausnummer ....
PLZ, Wohnort ....
....
Telefonnummer ....
Handynummer ....
E-Mail-Adresse ....
Familienstand ☐ verheiratet ☐ ledig ☐ geschieden ☐ verwitwet
Kinder ....

c Arbeiten Sie mit einer neuen Partnerin/mit einem neuen Partner. Erzählen Sie von Ihrer Partnerin/Ihrem Partner aus 11b.

Sprachbausteine

Die Familie vorstellen

Das ist mein Mann.
Das sind meine Kinder.
Mein Sohn heißt Henryk.
Meine Tochter ist fünf Jahre alt.

Wie bitte?

Buchstabieren Sie bitte.
Noch einmal bitte.

Was heißt PLZ?

Richtig!

Das stimmt.
Das ist richtig.
Ja, richtig.

Informationen zur Person

Sind Sie verheiratet?	Ja, ich bin verheiratet. Nein, ich bin geschieden.
Haben Sie Kinder?	Ja, eins.
	Nein, ich habe keine Kinder.
Wie alt ist Ihr Kind?	Zwölf.
Wo wohnen Sie?	In Köln.
Wie ist Ihre Adresse?	Berliner Straße 17 in 50868 Köln.
Wie ist Ihre Telefonnummer?	0221 673942.

Formulare

Name	Vorname Nachname/Familienname
Adresse	Straße Hausnummer Postleitzahl (PLZ) Wohnort
Familienstand	ledig verheiratet geschieden verwitwet

Grammatik

mein/meine

mein	meine	meine
Vater	Mutter	Eltern
Sohn	Tochter	Geschwister
Bruder	Schwester	Kinder

sie, Sie* und *sie

Das ist Annika. – Wie alt ist **sie**?
Und Sie, Frau Meier? Wie alt sind **Sie**?
Das sind Lea und Sara. – Wie alt sind **sie**?

Verben

	haben	wohnen	leben	sein
ich	habe	wohne	lebe	**bin**
du	**hast**	wohnst	lebst	**bist**
er/sie/...	**hat**	wohnt	lebt	**ist**
wir	haben	wohnen	leben	**sind**
...	...	...	...	...
sie/Sie	haben	wohnen	leben	**sind**

Im Deutschkurs

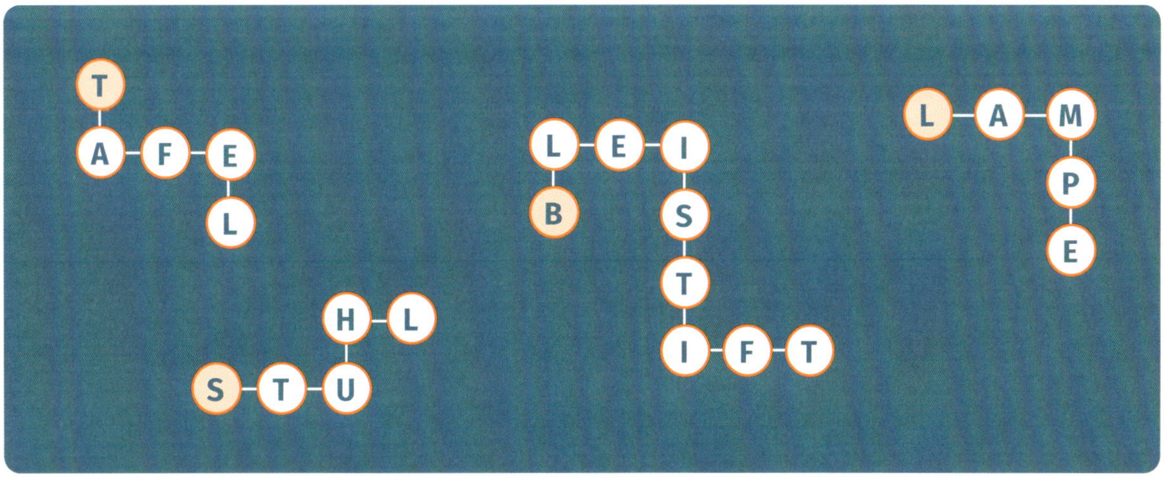

1 Was ist das?

Was ist das? — *Das ist ein Bild.* — *Das ist eine Tür.*

a Fragen Sie und antworten Sie.

ein Spitzer | ein Blatt Papier | ein Bleistift | ein Buch | eine CD | ein Heft | ein Kuli | eine Lampe | ein Papierkorb | ein Radiergummi | ein Rucksack | ein Stuhl | eine Tafel | eine Tasche | ein Tisch | eine Tür | ein Zettel

b Was ist noch im Kursraum? Sprechen Sie.

2 Eine Tasche? Nein, keine Tasche!

18 **a** Hören Sie und ergänzen Sie.

Eine | ~~ein~~ | ein | ein | keine | kein

▷ Ist das ....*ein*.... Bleistift?
▶ Ja, das ist ein Bleistift.
▷ Und das? Das ist ....1.... Bleistift, oder?
▶ Nein, das ist ....2.... Kuli.

▷ Und was ist das? ....3.... Tasche?
▶ Nein, das ist ....4.... Tasche.
Das ist ....5.... Rucksack.
▷ Ach so.

b Ergänzen Sie.

kein **oder** keine | ein **oder** eine | Fenster **oder** Tisch

ein Bleistift – **kein** Bleistift
eine Tasche – **keine** Tasche

Ist das **eine** Tür?
Nein, das ist ....1.... Tür.
Das ist ....2.... .

Ist das **ein** Stuhl?
Nein, das ist ....3.... Stuhl.
Das ist ....4.... .

3 Wie heißt das auf Deutsch?

19 **a** Hören Sie und lesen Sie.

1
▷ Du, Karim?
▶ Ja?
▷ Wie heißt das auf Deutsch?
▶ Das ist **ein Radiergummi**.
▷ Wie bitte?
▶ **Ein Radiergummi: R-A-D-I-E-R-G-U-M-M-I.**
▷ Ah, danke.

2
▷ Entschuldigung, eine Frage: Ist das **eine Lampe**?
▶ Ja, genau.
▷ Und das?
▶ **Ein Schlüssel**.
▷ Alles klar, danke.

b Variieren Sie. Benutzen Sie **andere Wörter**. Spielen Sie Dialoge.

4 Was ist da? Was fehlt?

a Was sehen Sie auf dem Bild? Sprechen Sie.

Das ist eine CD.

Was ist (nicht) da?

Da ist kein Stuhl.

b Und Ihr Kursraum? Ergänzen Sie immer noch ein Wort.

Hier ist eine Lampe.

Hier sind eine Lampe und ein Stuhl.

Hier sind eine Lampe, ein Stuhl und ein Tisch.

Hier sind ...

5 Und wie ist der Stuhl?

a Lesen Sie und markieren Sie wie im Beispiel.

Hier ist ein Stuhl. Der Stuhl ist alt.

Hier ist ein Bleistift. Der Bleistift ist neu.

Hier ist eine Lampe. Die Lampe ist schön.

Hier ist eine Tasche. Die Tasche ist alt.

Hier ist ein Buch. Das Buch ist schön.

Hier ist ein Heft. Das Heft ist neu.

ein Stuhl – **der** Stuhl
eine Lampe – **die** Lampe
ein Buch – **das** Buch

TIPP
Artikel finden Sie im Wörterbuch!

b Variieren Sie. Benutzen Sie Wörter aus den Kästen.

die CD | der Kuli | der Papierkorb | der Radiergummi | der Rucksack | die Tafel | die Tür | das Bild | der Anspitzer | das Fenster | das Handy

alt | neu | schön

Hier ist eine CD ...

6 Lernt ihr Deutsch?

a Lesen Sie die Dialoge.

▶ **Lernst du** Deutsch?
▷ Ja, und **du**?
▶ Ich auch. **Bist du** im Deutschkurs?
▷ Ja, klar, ich bin im Deutschkurs.

▶ **Lernt ihr** Deutsch?
▷ Ja, und **du**?
▶ Ich auch. **Seid ihr** im Deutschkurs?
▷ Ja, klar, wir sind im Deutschkurs.

b Spielen Sie die Dialoge in der *Sie*-Form.

c Das Verb *lernen*: Ergänzen Sie die Formen.

1 Ich .... Deutsch und du .... Deutsch.
2 Severin und Hanan .... auch Deutsch.
3 Peter .... Englisch und Maria .... Spanisch.
4 Wir .... Deutsch und ihr .... Französisch.

	lernen
ich	lerne
du	lernst
er/sie/...	lernt
wir	lernen
ihr	lernt
sie/Sie	lernen

Lehrer – ein Mann
Lehrer**in** – eine Frau

d Das Verb *sein*: Wie heißen die Formen?

1 Frau Meier, Sie .... eine Lehrerin.
2 Ich .... im Deutschkurs und du .... auch im Deutschkurs.
3 Adam .... aus Polen und Isabel .... aus Spanien.
4 Wir .... im Kursraum und ihr .... auch im Kursraum.

	sein
ich	**bin**
du	**bist**
er/sie/...	**ist**

7 Was machen wir?

a Ergänzen Sie die Tabelle.

	machen	schreiben	hören	fragen	antworten
ich	*mache*		*höre*		
du	*machst*			*fragst*	
er/sie/...	*macht*				
wir	*machen*	*schreiben*			
ihr	*macht*				
sie/Sie	*machen*				*antworten*

sprechen (e → i)	lesen (e → ie)
spreche	lese
sprichst	liest
spricht	liest
sprechen	lesen
sprecht	lest
sprechen	lesen

b Schreiben Sie Sätze mit *ihr*.

1 Wir lernen Deutsch. → *Ihr lernt Deutsch.*
2 Wir lesen und schreiben. → ....
3 Wir fragen Frau Krüger. → ....

c Ergänzen Sie die richtige Verbform.

1 (lernen) *Lernt* Rabia Englisch? – Nein, sie (lernen) .... Deutsch.
2 Was (machen) .... Karim? – Er (lesen) .... ein Buch.
3 Was für eine Sprache (sprechen) .... du? – Ich (sprechen) .... Dänisch.
4 (machen) .... du jetzt eine Pause? – Nein, ich (machen) .... meine Hausaufgaben.
5 Was (schreiben) .... du? – Ich (schreiben) .... eine E-Mail.
6 Was (machen) .... Laura und Karim? - Sie (lernen) .... zusammen.

8 Lauras E-Mail

	sein
wir	**sind**
ihr	**seid**
sie/Sie	**sind**

a Lesen Sie und ergänzen Sie.

heißt | sind | sprechen | spricht | verstehe | wohne

An
Von
Betreff

Hallo Rafael,
wie geht es dir? Mir geht es gut. Ich ......1...... jetzt in Frankfurt und lerne Deutsch.
Wir ......2...... 15 Personen im Deutschkurs: eine Lehrerin (sie ......3...... Ella Krüger) und 14 Teilnehmer.
Frau Krüger ist nett, aber sie ......4...... sehr schnell. Ich ......5...... nicht alles. Das ist aber kein Problem. Ich frage dann und Frau Krüger erklärt alles noch einmal.
Wir machen viele Übungen im Kurs. Wir lesen, ...6......, hören und schreiben. Und wir haben immer viele Hausaufgaben. Puh!
Und was machst du? Mein Bruder sagt, du bist jetzt Spanischlehrer in Hamburg. Stimmt das?
Viele Grüße
Laura

Groß oder klein?
Lehrer, Deutschkurs etc. sind Nomen.
Wir schreiben **Nomen immer groß.**

b Erzählen Sie: Wer ist Laura? Was macht Laura? Wer ist Frau Krüger? Was macht Rafael?

c Das ist mein Deutschkurs. Schreiben Sie eine E-Mail. Hier sind fünf Bausteine.

Viele Grüße

Liebe(r) ....,

Wir sind .... Personen im Deutschkurs: eine Lehrerin/ein Lehrer und .... Teilnehmer.

Wir machen viele/nicht viele Übungen im Kurs und lernen schnell/langsam.

Wie geht es dir? Mir geht es gut. Ich lerne jetzt Deutsch. ....

....

....

....

9 Heute ist Montag.

KW	Mo	Di	Mi	Do	Fr	Sa	So
01	30	31	1	2	3	4	5
02	6	7	8	9	10	11	12
03	13	14	15	16	17	18	19
04	20	21	22	23	24	25	26
05	27	28	29	30	31	1	2
06	3	4	5	6	7	8	9

a Eine Woche hat sieben Tage und beginnt in Deutschland, Österreich und der Schweiz am Montag. Am Sonntag arbeiten die meisten Menschen nicht und die Geschäfte sind geschlossen. Ist das in Ihrem Land auch so? Müssen Sie am Samstag und Sonntag arbeiten? Was ist Ihr Lieblingstag? Sprechen Sie im Kurs. Ergänzen Sie.

Montag	Dienstag	Mittwoch	Donnerstag	Freitag	Samstag	Sonntag

Heute ist ……………………

Morgen ist …………………… Übermorgen ist ……………………

Gestern war …………………… Vorgestern war ……………………

Fragen Sie und antworten Sie.

War gestern / vorgestern Montag?

Ja, richtig.

Ist heute/morgen/ übermorgen Dienstag?

Nein, heute ist Freitag.

Nein, gestern war Donnerstag.

🔊 20 **b** Hören Sie. Richtig oder falsch?

		✓	✗
1	Mittwoch ist kein Deutschkurs.	☐	☐
2	Donnerstag ist der Deutschkurs in Raum 24.	☐	☐
3	Freitag ist der Deutschkurs in Raum 21.	☐	☐
4	Am Wochenende ist kein Deutschkurs.	☐	☐

🔊 20 **c** Wann und wo findet der Deutschkurs statt? Hören Sie noch einmal und informieren Sie Ihre Partnerin/Ihren Partner.

10 Noch einmal, bitte.

🔊 21 **a** Wer sagt das: Ella Krüger (EK) oder ein Teilnehmer (TN)? Hören Sie und kreuzen Sie an.

	EK	TN	
1	☐	☐	Am Samstag ist kein Deutschkurs.
2	☐	☐	Natürlich.
3	☐	☐	Noch einmal langsam, bitte.
4	☐	☐	Noch Fragen?

🔊 21 **b** Hören Sie noch einmal. Was ist die Hausaufgabe?

a Übung 3 auf Seite 16 und Übung 4 a und b auf Seite 17

b Übung 3 auf Seite 15 und Übung 4 a und b auf Seite 16

c Übung 4 auf Seite 15 und Übung 3 a und b auf Seite 16

11 Ich verstehe nicht alles.

Ich verstehe.	→ Ich verstehe **nicht**.
Heute ist Montag.	→ Heute ist **nicht** Montag.
Er kommt aus Polen.	→ Er kommt **nicht** aus Polen.

a Schreiben Sie Sätze mit *nicht*.

1 Ihr seid im Deutschkurs. → *Ihr seid nicht im Deutschkurs.*

2 Wir lesen. → ……

3 Wir lernen zusammen. → ……

4 Das ist richtig. → ……

5 Sie spricht schnell. → ……

Ich lese.	→ Ich lese **nicht**.
Das ist ein Buch.	→ Das ist **kein** Buch.

b Schreiben Sie Sätze mit *nicht* oder *kein/keine*.

1 Das ist eine Tafel. → *Das ist keine Tafel.*

2 Ich schreibe eine E-Mail. → ……

3 Wir sprechen viel. → ……

4 Karim hat eine Frage. → ……

5 Mein Mann ist im Deutschkurs. → ……

6 Ich spreche gut Deutsch. → ……

7 Wir machen eine Pause. → ……

8 Laura lernt schnell. → ……

12 Knifflige Wörter

a Bilden Sie Wörter.

der Kurs	+	das Buch	→ 1 *das Kursbuch*
der Kurs	+		→ 2 ……
das Wort	+		→ 3 ……
das Land	+		→ 4 ……

das Buch + **die** Seite
= **die** Buch**seite**

die Liste | ~~das Buch~~
die Karte | der Raum

b Ergänzen Sie *der, die oder das*. Hören Sie dann die Wörter und sprechen Sie nach. 22

1 …… Kurs | buch
2 …… Kurs | raum
3 …… Wörter | buch
4 …… Deutsch | buch
5 …… Übungs | buch
6 …… Übungs | heft
7 …… Familien | name
8 …… Familien | foto
9 …… Heimat | land
10 …… Haus | nummer
11 …… Handy | nummer

Sprachbausteine

Im Kursraum

Personen: ein Lehrer, eine Lehrerin, ein Teilnehmer, eine Teilnehmerin

Sachen: ein Spitzer, ein Bild, ein Blatt Papier, ein Bleistift, ein Buch, eine CD, ein Fenster, ein Heft, ein Kuli, eine Lampe, ein Papierkorb, ein Projektor, ein Radiergummi, ein Rucksack, ein Schlüssel, ein Stuhl, eine Tafel, eine Tasche, ein Tisch, eine Tür, eine Wand, ein Wörterbuch, ein Zettel

Im Buch

ein Bild, eine Landkarte, eine Seite, eine Tabelle, ein Text, eine Übung, ein Wort, eine Wortliste

Was machen wir?

hören, sprechen
schreiben, erklären
fragen, ergänzen
antworten, buchstabieren
verstehen, zeigen

Auch: eine Pause machen, eine Übung machen

Ich habe eine Frage.

Sag mal, ...
Ich habe eine Frage: ... – Ja, bitte?
Wie heißt das auf Deutsch?
Was ist das? – Das ist ein/eine ...
Ist das ein/eine ...? – Ja, genau./Ja, richtig./Ja, das stimmt.
– Nein, das ist (doch) kein/keine ...
Noch einmal (langsam), bitte.

Gegenteile

Ihr lernt **schnell/langsam**.
Wir schreiben Nomen **groß** und Verben **klein**.
Das ist **richtig/falsch**.

Die Woche

Montag, Dienstag, Mittwoch, Donnerstag, Freitag, Samstag, Sonntag

vorgestern/gestern/heute/morgen/übermorgen

Grammatik

Artikel im Singular

bestimmt	unbestimmt	negativ	
der Bleistift	ein Bleistift	kein Bleistift	(m.)
die Tasche	eine Tasche	keine Tasche	(f.)
das Buch	ein Buch	kein Buch	(n.)

Ja-/Nein-Frage

Ist	das	ein Buch?
Lernen	wir	Deutsch?

W-Frage

Was	ist	das?
Was	lernen	wir heute?

Verneinung mit *nicht* und *kein/keine*

Ich weiß **nicht**.
Das ist **nicht** richtig.
Ich habe **keine** Frage.
Das ist **kein** Problem.

Wortbildung: Komposita

die Familie + der **Name** → der Familien**name**
das Land + die **Karte** → die Land**karte**
der Kurs + das **Buch** → das Kurs**buch**

Verben

	sein	machen	sprechen (e → i)	lesen (e → ie)
ich	**bin**	mach<u>e</u>	sprech<u>e</u>	les<u>e</u>
du	**bist**	mach<u>st</u>	spr**i**ch<u>st</u>	l**ie**<u>st</u>
er/sie/es	**ist**	mach<u>t</u>	spr**i**ch<u>t</u>	l**ie**<u>st</u>
wir	**sind**	mach<u>en</u>	sprech<u>en</u>	les<u>en</u>
ihr	**seid**	mach<u>t</u>	sprech<u>t</u>	les<u>t</u>
sie/Sie	**sind**	mach<u>en</u>	sprech<u>en</u>	les<u>en</u>

Im Supermarkt

Was isst und trinkt man wo?

Käse Couscous Nudeln Tee . . .

Italien die Schweiz . . . Türkei Syrien

1 Ich mag Obstsalat.

a Was sehen Sie? Ordnen Sie zu.

~~Apfel~~ | Banane | Erdbeere | Blaubeere | Himbeere | Kiwi | Orange | Mandarine | Traube | Zitrone | Pfirsich

23 **b** Hören Sie den Dialog. Unterstreichen Sie die Verben.

Rabia: Miguel, magst du Obstsalat?

Miguel: Obstsalat? Ja, aber ich mag keine Äpfel und keine Bananen.

Rabia: Was magst du denn?

Miguel: Orangen, Melonen, Kirschen, Trauben, Mangos, Kiwis – ich mag Obst!

Rabia: Na gut, ich esse die Äpfel und die Bananen. Und du isst ...

c Verbinden Sie die Fragen mit der richtigen Antwort.

1 Mögen Sie Lammfleisch? — c

2 Isst du gern Tomaten?

3 Magst du Salat?

4 Was isst du gern?

5 Was isst du nicht gern?

a Ja, ich esse gern Tomaten.

b Ich esse gern Fleisch.

c Nein, ich mag kein Lammfleisch.

d Ja, ich mag Salat.

e Ich esse nicht gern Joghurt.

	essen e → i	**mögen** ö → a
ich	esse	**mag**
du	**isst**	**magst**
er/sie/es	**isst**	**mag**
wir	essen	mögen
ihr	esst	mögt
sie/Sie	essen	mögen

d Fragen und antworten Sie.

*Magst du **Äpfel**?*

*Nein, ich mag keine **Äpfel**.*

*Ja, ich mag **Äpfel**.*

2 Eine Möhre oder zwei Möhren?

a Wie viele sehen Sie? Schreiben Sie die Zahl auf.

☐ Kartoffeln | ☐ Kiwis | ☐ Zwiebeln | ☐ Orangen | ☐ Birnen | ☐ Möhren | ☐ Äpfel | ☐ Paprikas | ☐ Tomaten | ☐ Eier | ☐ Bananen | ☐ Brote

TIPP

Auch die Pluralformen finden Sie im Wörterbuch!

b Füllen Sie die Tabelle aus.

Singular	Plural				
	-e	-en/-n	-s	-- (+ Umlaut)	-er
Apfel				*Äpfel*	
Banane					
Kartoffel					
Kiwi					
Paprika					
Ei					
Birne					
Brot					
Tomate					
Orange					
Möhre					

c Arbeiten Sie zu zweit. Wie bildet man den Plural in Ihrer Sprache? Gibt es auch verschiedene Formen?

3 Lebensmittel

Meistens im Singular:
Honig, Käse, Milch, Bier, Wein, Wasser, Tee, Kaffee, Reis, Mehl, Salz, Zucker

Ordnen Sie die Lebensmittel den Oberbegriffen zu.

Milch | Birne | Saft | Salat | Tomate | Fisch | Kiwi | Orange | Zucker | Zwiebel | Wein | Apfel | Banane | Kartoffel | Bier | Melone | Nudeln | Möhre | Paprika | Mehl | Joghurt | Brot | Bohnen | Käse | Erbsen | ~~Tee~~ | Trauben | Brötchen | Pilze | Kirsche | Mango | Honig | Cola | Ei | Limonade | Wasser | Kuchen | Kaffee | Reis | Fleisch | Salz | Marmelade | Schokolade | Sahne

Tee

Gemüse

Getränke

Milchprodukte

Andere

Obst

4 Zwei Kilo Tomaten und eine Packung Reis

a Ordnen Sie zu.

A

B

C

D

E

1 Joghurt   2 Couscous   3 Olivenöl   4 Kichererbsen   5 Babynahrung

24 **b** Ergänzen Sie die Wörter. Hören Sie dann den Dialog.

Becher | Dosen | Flasche | Glas | Gramm | Kilo | Packungen | Pfund

▶ Haben wir noch Hackfleisch?
▷ Nein, wir brauchen ein ....1.......... Hackfleisch und zwei ....2.......... Tomaten.
▶ Ich kaufe auch einen ....3.......... Joghurt und zwei ....4.......... Bohnen.
▷ Möchtest du Käse?
▶ Ja, 250 ....5.......... bitte.
▷ Brauchen wir noch Reis?
▶ Nein, wir haben noch zwei ....6.......... .
▷ Aber wir brauchen noch ein ....7.......... Marmelade.
▶ Kaufen wir auch eine ....8.......... Wein?
▷ Nein, heute nicht.

c Was passt nicht? Streichen Sie durch.

1 Eine Packung Reis – Nudeln – Mehl ~~– Honig.~~
2 Eine Flasche Wein – Saft – Zucker – Wasser.
3 Eine Dose Salz – Bohnen – Erbsen – Tomaten.
4 Ein Glas Honig – Kaffee – Marmelade – Kirschen.
5 Ein Becher Joghurt – Sahne – Käse – Pudding.

eine Packung	viele Packungen
eine Flasche	viele Flaschen
eine Dose	viele Dosen
ein Glas	viele Gläser
ein Becher	viele Becher

Nach einigen Verben muss der Akkusativ stehen.
Ich **brauche** **einen** Liter Milch.
eine Flasche Wasser.
ein Glas Honig.

Nominativ	**Akkusativ**
der/**ein** Becher	**den**/**einen** Becher
die/**eine** Dose	**die**/**eine** Dose
das/**ein** Pfund	**das**/**ein** Pfund
die/--- Packungen	**die**/--- Packungen

weitere Beispiele:
brauchen
haben
kaufen

d Fragen Sie Ihre Partnerin/Ihren Partner. Variieren Sie.

*Brauchen wir noch **Saft**?*

*Ja, **Saft** brauchen wir auch.*

*Kaufen wir auch **Eier**?*

*Ja, **sechs Eier** kaufen wir auch.*

*Haben wir noch **Joghurt**?*

*Nein, wir brauchen noch einen Becher **Joghurt**.*

	brauchen	**kaufen**
ich	brauche	kaufe
du	brauchst	kaufst
er/sie/es	braucht	kauft
wir	brauchen	kaufen
ihr	braucht	kauft
sie/Sie	brauchen	kaufen

Salat | Orangen | Wasser | Saft | Paprika | Milch | Kiwi | Äpfel | Möhren | Eier | Brot | Käse | Bananen | Tomaten | Trauben | Honig | Nudeln | Reis | Kartoffeln | Melonen | Wein | Bier | Joghurt | Sahne | Couscous | Fleisch | Fisch | Kichererbsen | Kaffee | Tee

5 Die Angebote der Woche

a Lesen Sie den Dialog und ergänzen Sie die Preise.

Birnen, 1 Kilo	1,99 €
Orangen, 2 Kilo	2,49 €
Kaffee, 1 Pfund	5,99 €
Tomaten, Dose	0,85 €
Bananen, 1 Kilo	1,59 €
Käse, 100 g	2,39 €
10 Eier	1,29 €
Äpfel, 1 Kilo	2,49 €
Milch, 1 Liter	0,89 €
Reis, 500 g	3,49 €
Salz, Packung	0,99 €
Zucker, 1 kg	0,69 €
Marmelade, Glas	3,29 €
Joghurt, Becher	0,49 €
Kartoffeln, 1 Kilo	2,99 €
Nudeln, Packung	1,19 €
Melone, Stück	1,29 €
Schweinefleisch, 500 g	3,49 €
Apfelsaft, Flasche	2,59 €

Man schreibt: 0,85 €.
Man spricht: 85 Cent.

▶ Was ist diese Woche im Angebot?
▷ Birnen und Orangen.
▶ Was kostet denn ein Kilo Birnen?
▷ ___1___ €.
▶ Und was kosten die Orangen?
▷ Zwei Kilo nur ___2___ €.

▶ Was kostet ein Pfund Kaffee?
▷ Ein Pfund kostet ___3___ €.
▶ Das ist aber teuer.
▷ Was kostet denn eine Dose Tomaten?
▶ Eine Dose kostet ___4___ €.
▷ Ich nehme drei Dosen.

b Was kaufen Sie? Wie viel kostet es? Sprechen Sie.

Brauchen wir noch Kaffee?

Kaufst du bitte ein Kilo Äpfel?

Was kostet eine Packung Reis?

Was kosten die Birnen?

Was **kostet** eine Dose?
Wie viel **kostet** 1 Kilo?
Was **kosten** 10 Eier?
Wie viel **kosten** 250 Gramm?

6 Einkaufszettel

Sie möchten im Kurs gemeinsam frühstücken.
Planen Sie: Was und wie viel brauchen Sie?
Wer kauft was?
Sprechen Sie und schreiben Sie Einkaufszettel.

7 Auf dem Markt

25 **a** Ordnen Sie den Dialog. Hören Sie dann zur Kontrolle.

ich hätte gern = ich möchte gern

- [ ] Ja, danke. Wie viel macht das?
- [ ] Ja, ich brauche auch ein Kilo Tomaten.
- [1] Guten Tag. Was hätten Sie gern?
- [ ] Gern. Darf es sonst noch etwas sein?
- [ ] Ist das alles?
- [ ] Ich hätte gern zwei Kilo Orangen.
- [ ] Das macht 5,80 €.

b Spielen Sie den Dialog zu zweit. Variieren Sie.

Ich brauche eine Packung Couscous (2,89 €),
einen Liter Orangensaft (1,49 €),
ein Stück Melone (0,98 €)
...

100 Gramm = 100 g
ein Pfund = 500 g
ein Kilo = 1 kg
ein Liter = 1 l

8 *Der, die* oder *das*?

a Lesen Sie den Dialog. Was kauft die Kundin?

▶ Die Äpfel sind ganz frisch. Die kosten 2,50 € pro Kilo.
▷ Dann bitte ein Kilo. Wie viel kostet die Melone?
▶ Die ist aus Spanien und kostet nur 3 €.
▷ Gut, die Melone kaufe ich auch. Haben Sie noch etwas im Angebot?
▶ Honig. Der Honig ist aus Bayern. Der kostet nur 5 €.
▷ Nein, danke. Lieber nicht.

b Unterstreichen Sie die Artikel im Dialog.

ein Apfel	→	**der** Apfel	zwei Äpfel/**die** Äpfel
eine Banane	→	**die** Banane	drei Bananen/**die** Bananen
ein Brötchen	→	**das** Brötchen	vier Brötchen/**die** Brötchen

c Ergänzen Sie: *der*, *die* oder *das*.

1 Kundin: Was kostet *das* Schweinefleisch?
Verkäufer: .... kostet 3,49 €.

3 Kunde: Entschuldigung, ist .... Salat frisch?
Verkäuferin: Ja, ist von heute.

2 Mia: Schmeckt .... Orange?
Josh: Ja, ... schmeckt sehr gut.

4 Kunde: Wie viel kosten .... Pilze?
Verkäufer: .... sind im Angebot. Die kosten 1,99 €.

d Schreiben Sie die Nomen aus Aufgabe 8b in eine Liste.

der	die	das	die
Apfel			

TIPP
Lernen Sie Nomen immer mit Artikel!

e Schon fertig? Schreiben Sie weitere Nomen in die Liste.

9 Was möchten Sie?

Sie machen eine Pause und möchten etwas essen oder trinken.
Schreiben und spielen Sie einen Dialog.

Möchtest du auch etwas essen?

Ich nehme ...

Und was?

Ja, gern.

Und du?

Machen wir hier kurz Pause?

Vielleicht einen ... / eine ... / ein ...

Was möchtest du trinken?

Nein, heute nicht.

Trinkst du auch ...?

Bistro „Einkaufspause“
Tasse Kaffee
Becher Tee
Flasche Limo
Glas Wasser
Flasche Bier

10 Knifflige Wörter

Hören Sie die Wörter und sprechen Sie nach. 26

ä K**ä**se | **Ä**pfel | Gl**ä**ser

ö Br**ö**tchen | zw**ö**lf | m**ö**gen | M**ö**hren | sch**ö**n | Bitte sch**ö**n | K**ö**ln | **Ö**sterreich

ü Gem**ü**se | f**ü**nf | H**ü**hnerfleisch | Fr**ü**hst**ü**ck | M**ü**nchen | T**ü**rkei

Sprachbausteine

Lebensmittel
Milch, Birne, Saft, Salat, Tomate, Fisch, Kiwi, Orange, Zucker, Zwiebel, Wein, Apfel, Banane, Kartoffel, Bier, Melone, Nudeln, Möhre, Paprika, Mehl, Joghurt, Brot, Bohnen, Käse, Erbsen, Tee, Rindfleisch, Brötchen, Pilze, Kirsche, Mango, Honig, Cola, Ei

Oberbegriffe
Obst, Gemüse, Milchprodukte, Getränke

Mengenangaben
eine Packung, eine Flasche, eine Dose, ein Glas, ein Becher

100 Gramm = 100 g
ein Pfund = 500 g
ein Kilo = 1 kg
ein Liter = 1 l

Sagen, was man braucht/hat
Ich brauche noch ...
Wir brauchen auch ...
Ich habe kein/keine ...
Wir haben noch ...

Sagen, was man kauft/möchte
Ich möchte bitte ...
Wir kaufen auch ...

Sagen, was man mag/nicht mag
Ich mag keine Tomaten.
Ich mag Melone.
Ich esse kein Schweinefleisch.
Der Apfel schmeckt gut.

Fragen
Bitte schön?
Möchten Sie sonst noch etwas?
Was ist heute im Angebot?
Haben Sie ...?

Grammatik

Artikel im Nominativ und Akkusativ

Nominativ	Akkusativ
der/**ein** Becher	**den**/**einen** Becher
die/**eine** Dose	**die**/**eine** Dose
das/**ein** Pfund	**das**/**ein** Pfund
die/--- Packungen	**die**/--- Packungen

Ja-/Nein-Frage
Brauchst du ...? **Kaufen** Sie ...?
Haben wir ...? **Magst** du ...?

Nomen im Plural

-e	-(e)n	-s	-er (+ Umlaut)	-- (+Umlaut)
Kekse	Zwiebeln	Kiwis	Eier	Äpfel
Brote	Kartoffeln	Paprikas	Gläser	Brötchen
	Packungen			Becher

W-Frage
Was **kostet/kosten** ...?
Wie viel **kostet/kosten** ...?

Verben

	brauchen	kaufen	essen	mögen (ö → a)	möchten
ich	brauche	kaufe	esse	**mag**	möchte
du	brauchst	kaufst	**isst**	**magst**	möchtest
er/sie/es	braucht	kauft	**isst**	**mag**	möchte
wir	brauchen	kaufen	essen	mögen	möchten
ihr	braucht	kauft	esst	mögt	möchtet
sie/Sie	brauchen	kaufen	essen	mögen	möchten

Von morgens bis abends

Was machen Sie wann?	
	aufstehen
mittags	
	fernsehen

1 Was macht Olli?

a Ergänzen Sie.

kauft ein | frühstückt | kocht | steht auf | putzt | arbeitet | macht Sport | spielt ein Computerspiel | sieht fern | telefoniert

der Morgen – morgens
der Vormittag – vormittags
der Mittag – mittags
der Nachmittag – nachmittags
der Abend – abends
die Nacht – nachts

morgens

1 

Olli ....

2 

Er ....

3 

Er ....

vormittags

4 

Er ....

5 

Er ....

nachmittags

6 

Er ....

7 

Er ....

8 

Er ....

abends

9 

Er ....

10 

Er ....

b Fragen Sie und antworten Sie.

Wann arbeitet Olli? → Er arbeitet vormittags.
Macht er nachmittags Sport? → Nein, er macht morgens Sport.

Er | **arbeitet** | vormittags.
Er | **macht** | morgens | Sport.

1 Wann kocht Olli?

2 Putzt Olli morgens?

3 Wann telefoniert Olli?

4 Spielt er abends ein Computerspiel?

5 Wann kauft er ein?

6 Sieht er nachmittags fern?

auf | stehen	Er **steht auf**.
ein | kaufen	Er **kauft** nachmittags **ein**.
fern | sehen	Er **sieht** abends **fern**.

c Ordnen Sie die Wörter und schreiben Sie Sätze.

1 arbeite | ich | im Büro | vormittags — *Ich arbeite vormittags im Büro.*

2 das Essen | ich | mittags | koche ....

3 frühstücken | morgens | nicht | wir ....

4 abends | sehen | fern | wir | zusammen ....

5 du | nachmittags | putzt | die Wohnung ....

6 macht | Sport | morgens | er ....

d Arbeiten Sie zu zweit: Fragen Sie Ihre Partnerin/Ihren Partner, was sie/er morgens/vormittags/mittags/... macht. Sie/er antwortet mit Gesten. Bilden Sie dann einen korrekten Satz in der zweiten Person Singular.

Was machst du abends?

Aha, du spielst ein Computerspiel.

2 Wer macht was?

	fernsehen (e → ie)
ich	sehe fern
du	siehst fern
er/sie/es	sieht fern
wir	sehen fern
ihr	seht fern
sie/Sie	sehen fern

Hören Sie. Was ist richtig? Kreuzen Sie an. 27

1 Ana
- a ☐ ist nachmittags im Deutschkurs.
- b ☐ kauft vormittags im Supermarkt ein.
- c ☐ sieht abends fern.

2 Thomas
- a ☐ arbeitet nachmittags.
- b ☐ schläft nachts nicht.
- c ☐ schreibt vormittags E-Mails.

3 Miguel
- a ☐ frühstückt morgens nicht.
- b ☐ ist nachmittags zu Hause.
- c ☐ macht abends die Hausaufgaben.

3 Interview mit Karim

a Lesen Sie und ergänzen Sie den Notizzettel.

▶ Karim, was machst du vormittags?
▷ Morgens bin ich im Deutschkurs. Ich lerne Deutsch.
▶ Und nachmittags?
▷ Nachmittags lerne ich auch Deutsch. Ich mache Hausaufgaben.
▶ Machst du gern Hausaufgaben?
▷ Nein, die mache ich nicht gern.
▶ Was machst du gern?
▷ Ich spiele gern Fußball!

Karim

vormittags: ....

nachmittags: ....

nicht gern: *Hausaufgaben*

gern: ....

b Fragen Sie im Kurs: Wer macht was gern? Wer macht was nicht gern?

gern = gerne

putzen | Deutsch lernen | spazieren gehen | früh aufstehen | Sport machen | kochen | Musik hören | fernsehen | lesen | Fußball spielen | Pizza essen | lange schlafen

4 Wie spät ist es?

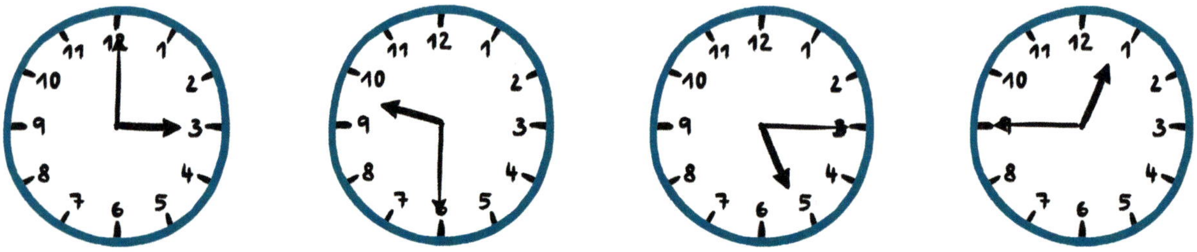

Es ist **drei Uhr**. Es ist **halb zehn**. Es ist **Viertel nach fünf**. Es ist **Viertel vor eins**.

28 **a** Hören Sie und ergänzen Sie die Uhrzeit.

1 Rabia: Wie spät ist es?

Karim: ....

Rabia: Schon ....?

Karim: Ja. Machen wir eine Pause?

Rabia: Gute Idee.

2 Tayo: Wie viel Uhr ist es?

Joana: ....

Tayo: Schon so spät? Dann gehe ich jetzt nach Hause.

Wir sagen „Es ist **eins**“, aber „Es ist **ein** Uhr“.

29 **b** Wie spät ist es? Hören Sie und zeichnen Sie.

Schon so spät?
Arbeitest du **immer noch?**

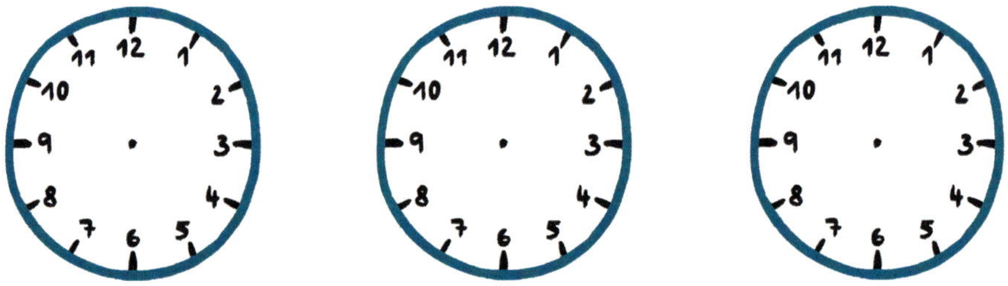

5 Der Tag hat 24 Stunden.

Wir schreiben	Wir sagen	Wir sagen auch
8.00 Uhr | 20.00 Uhr	acht Uhr	zwanzig Uhr
8.15 Uhr | 20.15 Uhr	Viertel nach acht	acht Uhr fünfzehn | zwanzig Uhr fünfzehn
1.30 Uhr | 13.30 Uhr	halb zwei	ein Uhr dreißig | dreizehn Uhr dreißig
1.45 Uhr | 13.45 Uhr	Viertel vor zwei	ein Uhr fünfundvierzig | dreizehn Uhr fünfundvierzig

Was passt zusammen?

9.35 Uhr	fünf nach sechs	sechzehn Uhr vierzig
11.30 Uhr	Viertel vor acht	dreiundzwanzig Uhr zehn
19.45 Uhr	fünf nach halb zehn	sechs Uhr fünf
23.10 Uhr	halb zwölf	neunzehn Uhr fünfundvierzig
6.05 Uhr	zwanzig vor fünf	neun Uhr fünfunddreißig
12.25 Uhr	fünf vor halb eins	elf Uhr dreißig
16.40 Uhr	zehn nach elf	zwölf Uhr fünfundzwanzig

kurz vor/kurz nach
7.03 kurz nach sieben
6.58 kurz vor sieben

6 Wann beginnt der Deutschkurs?

a Lesen Sie den Stundenplan und ergänzen Sie.

	Karim Moussa	Ella Krüger	Laura Salewska
7.10 Uhr	*schlafen*	*frühstücken*	*aufstehen*
9.00–13.00 Uhr	*Deutschkurs*	*Deutschkurs*	*Deutschkurs*
13.30–14.30 Uhr	*essen*	*schlafen*	*Sport*
15.00–18.00 Uhr	*Fußball spielen*	*Unterricht planen*	*arbeiten*

Wann beginnt der Kurs? **Um** neun Uhr.
Von wann bis wann kochst du? **Von** eins **bis** zwei.

Wann frühstückt Ella? – *Um 7.10 Uhr.*

Wann beginnt der Deutschkurs? – ....

Wann macht Laura Sport? – ....

Von wann bis wann ist Karim im Deutschkurs? – *Von 9.00 Uhr bis 13.00 Uhr.*

Von wann bis wann spielt Karim Fußball? – ....

Von wann bis wann arbeitet Laura? – ....

b Ihre Partnerin/Ihr Partner stellt Ihnen Fragen zum Stundenplan in 6a. Beantworten Sie diese.

c Fragen Sie und antworten Sie.

Wann stehst du auf?
gehst du zum Deutschkurs?
beginnt der Deutschkurs?
gehst du nach Hause?
gehst du zur Arbeit?

Von wann bis wann bist du im Deutschkurs?
machst du Mittagspause?
schläfst du?
frühstückst du?
arbeitest du?

7 Mein Tag

Mein Tag beginnt um ...

Karim

30 **a** Wer macht das? Karim, Ana oder beide? Hören Sie und kreuzen Sie an.

	Karim	Ana	
1			steht um 6.45 Uhr auf.
2			steht nicht gern früh auf.
3			geht vormittags zum Deutschkurs.
4			macht nachmittags Hausaufgaben.
5			ist abends zu Hause.
6			sieht gerne Filme auf Deutsch.

Ich lese **nachmittags**.
Nachmittags lese ich.

beide = 2 Personen

Ich stehe um ...

Ana

30 **b** Hören Sie noch einmal. Haben Sie alles richtig?

c Schreiben Sie drei richtige und drei falsche Sätze über Karim und Ana. Sprechen Sie dann mit Ihrer Partnerin/Ihrem Partner.

Karim geht nachmittags zum Deutschkurs.

Das stimmt nicht!

Karim geht vormittags zum Deutschkurs, nicht nachmittags.

Das stimmt!

d Wie ist Ihr Tag? Erzählen Sie im Kurs.

8 Manchmal? Immer!

30 **a** Hören Sie noch einmal. Was ist richtig?

1 Karim frühstückt manchmal | nie.

2 Er ist nachmittags oft | immer zu Hause.

3 Er sieht abends manchmal | oft fern.

4 Ana steht oft | immer um Viertel vor sieben auf.

5 Sie geht abends manchmal | oft spazieren.

6 Sie trinkt abends manchmal | nie ein Glas Wein.

b Und Sie? Was machen Sie? Ergänzen Sie *immer*, *oft*, *manchmal* oder *nie*.

1 Ich stehe .... früh auf.
2 Ich trinke .... Tee.
3 Ich kaufe .... im Supermarkt ein.
4 Ich gehe .... spät ins Bett.

Ich **stehe auf**.
Ich **stehe** früh **auf**.
Ich **stehe** immer früh **auf**.

c Formen Sie die Sätze in Fragen um: Stehst du immer früh auf? ...

d Noch mehr Fragen: Was passt nicht? Unterstreichen Sie.

1 Schläfst du immer gut | lange | auf Deutsch?
2 Isst du manchmal Pizza | Bier | Schokolade?
3 Machst du oft eine Mittagspause | schlafen | Sport?

e Fragen Sie und antworten Sie.

Nein, ich kaufe nie ...

Kaufst du manchmal ...?

Ja, ich kaufe oft ...

9 Hast du Zeit?

a Ergänzen Sie den Text. Hören Sie dann den Dialog.
Haben Sie alles richtig? 31

Ich komme gern. | Wie geht's? | Dann bis Samstag. | Wann denn? | Kommst du auch?

Karim: Hallo?
Miguel: Hallo Karim. Hier ist Miguel.
Karim: Miguel! 1
Miguel: Gut, danke. Und dir?
Karim: Sehr gut.
Miguel: Wir lernen am Samstag zusammen Deutsch: Ana, Tayo und ich. 2
Karim: 3
Miguel: Um halb fünf.
Karim: Ja, gut. Samstag habe ich Zeit. 4
Miguel: Super! Wir lernen von halb fünf bis halb sechs und dann essen wir zusammen. Ana macht Pizza.
Karim: Hmm, lecker! Aber sag mal, kommt Rabia nicht?
Miguel: Ich weiß nicht. Rabia hat nachmittags immer viel zu tun, aber ich rufe sie an.
Karim: Okay. 5

an | rufen
Miguel **ruft** Rabia **an**.

b Miguel ruft auch Laura an. Hören Sie den Dialog.
Hat Laura am Samstag Zeit? 32

c Sie wollen sich am Wochenende treffen.
Schreiben Sie mit Ihrer Partnerin/mit Ihrem Partner einen Dialog.

Hast du (am Freitag) Zeit? | Wann denn? | Ja /Nein, ich habe (keine) Zeit. | Ja, gern. | Ich komme gern. | Ich koche. | Wir grillen. | Wir sehen einen Film. | Kommst du auch?

Sprachbausteine

Der Tag

der Morgen – morgens
der Vormittag – vormittags
der Mittag – mittags
der Nachmittag – nachmittags
der Abend – abends
die Nacht – nachts

Die Uhrzeit

Wie spät ist es?/Wie viel Uhr ist es? – (Es ist) zehn nach sieben.

Wann kommst du? – **Am** Donnerstag **um** neun Uhr.

Von wann bis wann arbeitest du? – **Von** acht **bis** sechzehn Uhr.

Was machst du?

aufstehen, frühstücken, anrufen, telefonieren, kochen, schlafen, fernsehen, arbeiten, putzen, ins Bett gehen, spazieren gehen, Sport machen, Frühstück machen, ein Computerspiel spielen, Fußball spielen

Was machst du gern/nicht gern?

Was machst du **gern**? – Ich esse **gern**.

Was machst du nicht **gern**? – Ich koche nicht **gern**.

Manchmal? Immer!

Der Kurs beginnt **immer** um neun Uhr.

Ich gehe **oft** spazieren.

Ich trinke **manchmal** ein Glas Wein.

Wir machen **nie** eine Mittagspause.

Hast du Zeit?

Hast du am Freitag Zeit? – Ja, (ich habe Zeit).
– Nein, ich habe (leider) keine Zeit.

Kommst du auch? – Ja, gern.

Grammatik

Trennbare Verben

an|rufen	Ich	rufe	meine Mutter	an.
ein|kaufen	Du	kaufst	im Supermarkt	ein.
auf|stehen	Sie	steht	gern früh	auf.
fern|sehen	Wir	sehen	oft	fern.

Satzbau: Temporale Adverbien

Sie	arbeitet	**vormittags**.	
Ich	spiele	**manchmal**	Fußball.
Wir	essen	**oft**	Reis.

Verben

	fernsehen (e → ie)	schlafen (a → ä)
ich	sehe fern	schlafe
du	siehst fern	schläfst
er/sie/es	sieht fern	schläft
wir	sehen fern	schlafen
ihr	seht fern	schlaft
sie/Sie	sehen fern	schlafen

6

Auf Wohnungssuche

Das ist das Wohnzimmer.

Ich suche …

Wir brauchen …

1 Lieblingszimmer

33 **a** Wo sind die Personen am liebsten? Hören Sie und notieren Sie.

1 

Stefan Böhmer

3 

Akono Okoye

2 

Ella Krüger

4 

Rabia Navid

33 **b** Hören Sie noch einmal. Was machen die Personen in ihrem Lieblingszimmer? Schreiben Sie neben die Bilder.

c Sprechen Sie mit Ihrer Partnerin/Ihrem Partner.

Was ist dein Lieblingszimmer?

Was machst du da?

2 Zahlen bis 10.000

34 **a** Hören Sie und sprechen Sie nach.

100	200	300	400	500
(ein)hundert	zweihundert	dreihundert	vierhundert	fünfhundert
600	700	800	900	1000
sechshundert	siebenhundert	achthundert	neunhundert	tausend
	5000	8000	10.000	
	fünftausend	achttausend	zehntausend	

35 **b** Welche Zahlen hören Sie? Kreuzen Sie an.

a	☐ 220	b	☐ 643	c	☐ 454	d	☐ 1678
	☐ 222		☐ 634		☐ 554		☐ 1786
	☐ 212		☐ 644		☐ 455		☐ 1876
e	☐ 3914	f	☐ 6131	g	☐ 1020	h	☐ 10.111
	☐ 3917		☐ 6313		☐ 1012		☐ 10.011
	☐ 3919		☐ 6133		☐ 1120		☐ 10.001

Man spricht:

1 2 4 3
↓ ↓ ↓ ↓
4 7 6 5

1 viertausend | 2 siebenhundert | 3 fünf | und | 4 sechzig

3 Miguel und Rabia suchen eine Wohnung.

a Lesen Sie die Nachricht und unterstreichen Sie: Wie soll die Wohnung sein?

> Hallo Freunde,
> ich habe einen neuen Job in Berlin. Rabia und ich suchen eine Wohnung in der Hauptstadt! Wir brauchen eine 1- bis 2-Zimmer-Wohnung: ein Wohn- und Schlafzimmer, eine Küche und ein Badezimmer. Sie muss mindestens 25 qm groß sein und darf maximal 800 Euro kosten. Gerne mit Balkon. Sie muss unbedingt ruhig und hell sein. Habt ihr Freunde oder Familie in Berlin? Kennt ihr eine gute Internetseite für die Wohnungssuche?
> Vielen Dank
> Miguel und Rabia

b Sie suchen eine Wohnung.
Schreiben Sie eine Nachricht wie in Aufgabe 3a.

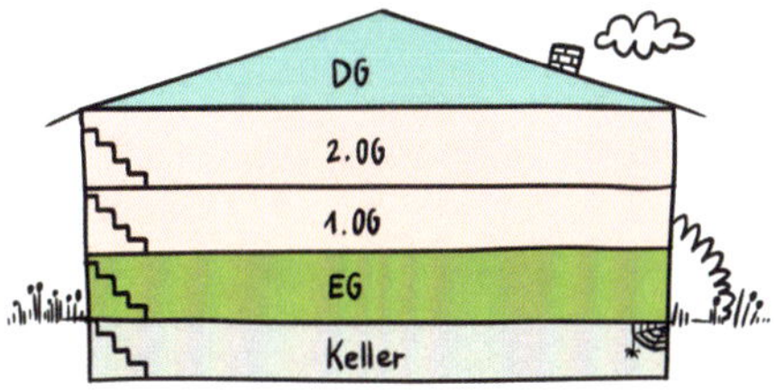

4 Wohnungsanzeigen

a Lesen Sie die Wohnungsanzeigen aus dem Internet. Was kosten die Wohnungen im Monat?

www.wohnungsanzeigen.de

a 

Wohnung mit Balkon im Stadtzentrum
3 Zi., Küche u. Bad, 2. OG, 70qm - 900 € kalt + 150 € NK
2 Monatsmieten Kaution, ab 01.04.
Tel: 0234 56789

b 

1 Zimmer, möbliert
mit Küche u. Bad, DG 25qm - 600 € kalt
1 Monatsmiete Kaution, ab 01.05. für 8–9 Monate
Tel: 0171 111 555

c 

Altbauwohnung mit Terrasse
4-Zimmer mit Küche u. Bad, EG 90m² - 1250€ kalt + 250 € NK
2 Monatsmieten Kaution, sofort frei – KEINE HAUSTIERE!
E-Mail: altbau@gmxnet.de

d 

Haus mit Garten am Stadtrand
mit Garage, 3 Min. zu Fuß zur Stadtbahn 120m² - 2500 € kalt + 270 € NK
3 Monatsmieten Kaution, frei ab sofort
Müller Immobilien Tel: 0234 87654

EG = Erdgeschoss | OG = Obergeschoss | DG = Dachgeschoss | kalt = ohne Nebenkosten | NK = Nebenkosten (Heizung, Wasser, Müll usw.) | m²/qm = Quadratmeter

b Hören Sie die Dialoge. Welche Anzeige passt? 36

Dialog 1	Dialog 2	Dialog 3	Dialog 4
Anzeige ☐	Anzeige ☐	Anzeige ☐	Anzeige ☐

c Sprechen Sie: Wie ist es in Ihrem Herkunftsland? Wohnen Sie auch zur Miete? Gibt es auch Nebenkosten und eine Kaution? Wie hoch sind die Miete, die Nebenkosten und die Kaution? Sagt man auch *Quadratmeter*? Wie groß ist Ihre Wohnung?

5 Die Wohnung ist klein.

breit | schmal | schön | hässlich | neu | alt | gemütlich | ungemütlich

37 **a** Hören Sie die Aussagen und kreuzen Sie an.

1

☐ groß

☐ klein

2

☐ hell

☐ dunkel

3

☐ laut

☐ leise

4

☐ teuer

☐ billig

b Wie ist Ihr Kursraum/Ihre Sprachschule ...? Sprechen Sie.

Der Kursraum ist klein.

Der Kursraum ist doch nicht klein. Der Raum ist groß.

Der Raum ist klein.
Der Raum ist **nicht klein.**
= Der Raum ist **groß.**

6 Die Wohnung ist schön. – Sie ist schön.

a Lesen Sie den Text und unterstreichen Sie die Nomen und die Pronomen.

▶ Ist das nicht toll? Wir haben eine Wohnung gefunden.
▷ Ja, wo denn?
▶ In der Blumenthalstraße.
▷ Und wie groß ist sie?
▶ Sie ist 27 m^2 groß. Sie hat ein Zimmer. Leider ist der Flur lang und schmal.
▷ Ist er denn hell oder dunkel?
▶ Der Flur ist leider auch sehr dunkel. Aber das Bad ist schön.
▷ Hat es denn eine Badewanne?
▶ Nein, nur eine Dusche.
▷ Das ist doch super!
▶ Ja, die Wohnung ist richtig gemütlich.

Man spricht:
100 Quadratmeter
Man schreibt:
100 m^2/100 qm

der Flur	→	**er**
die Wohnung	→	**sie**
das Bad	→	**es**
die Wohnungen	→	**sie**

b Ersetzen Sie die Nomen mit dem Personalpronomen.

1 Die Küche ist groß.
Sie ist groß

2 Der Balkon ist breit.
....

3 Das Wohnzimmer ist hell.
....

4 Die Zimmer sind sehr gemütlich.
....

7 Die neue Wohnung

a Hören Sie und markieren Sie. Was sagt Rabia? 38

		ja	nein
1	Rabia und Miguel haben eine neue Wohnung.	☐	☐
2	Sie haben zwei Zimmer.	☐	☐
3	Ihre Wohnung ist hell.	☐	☐

b Miguel schreibt eine Nachricht. Wie ist die Wohnung von Miguel und Rabia? Sprechen Sie kurz mit einer Partnerin/einem Partner und ergänzen Sie dann die Sätze.

	ich	du	sie/Sie	
der Flur	**mein**	**dein**	**ihr/Ihr**	Flur
die Wohnung	**meine**	**deine**	**ihre/Ihre**	Wohnung
das Bad	**mein**	**dein**	**ihr/Ihr**	Bad
die Zimmer	**meine**	**deine**	**ihre/Ihre**	Zimmer

Hallo Freunde,

Rabia und ich haben jetzt eine Wohnung in Berlin! Sie ist nicht perfekt – klein und ein bisschen teuer. Die Küche ist ganz klein, und das Bad ist dunkel. Aber kein Problem. Hauptsache, wir sind zusammen.

Danke für die Hilfe beim Suchen und viele Grüße

Miguel

1 *Ihre* .... Wohnung ist ....

2 .... Küche ist ....

3 .... Bad ist ....

c Schreiben Sie einen kurzen Text über Ihre Wohnung.

Meine Wohnung ist klein, aber gemütlich. Sie ist 30 m² groß. ...

....

....

....

d Sprechen Sie mit Ihrer Partnerin/Ihrem Partner.

Wie ist deine Wohnung?

Meine Wohnung ist ...

8 Möbel und Elektrogeräte

a Ordnen Sie zu.

Bett | Schrank | Tisch | Sessel | Sofa | Regal | Teppich | Stuhl

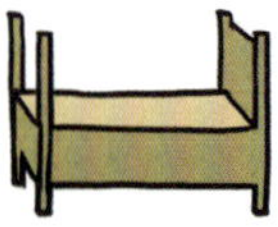
1 ....

2 ....

3 ....

4 ....
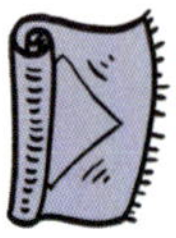
5 ....

6 ....

7 ....

8 ....

9 .... *maschine*

10 .... *maschine*

11 .... *maschine*

12 ....

13 ....

14 ....

15 ....

Lampe | Kaffee- | Herd | Kühlschrank | Spül- | Fernseher | Wasch-

b Schreiben Sie die Zahlen.

1 dreihundertvierundsiebzig *374*
2 fünfhundertneunundzwanzig ....
3 achthundertachtundneunzig ....
4 siebentausenddreihunderteinundsechzig ....
5 neuntausendeinhundertsiebenundfünfzig ....

39 **c** Hören Sie vier Dialoge. Welche Möbel und Elektrogeräte hören Sie? Was kosten sie?

	Möbel/Geräte	Preis
1	*ein Tisch*	
2		
3		
4		

40 **d** Ergänzen Sie. Hören Sie dann das Gespräch.

▶ Wir brauchen eine Lampe.
▷ ..1.. Lampe dort finde ich schön.
▶ ..2.. Teppich ist auch schön.
▷ Ja, aber wir haben doch ..3.. Teppich.
▶ Wie findest du ..4.. Stühle?
▷ Sehr schön, aber wir haben doch ..5.. Stühle.
▶ Ja, aber sie sind schon alt.

Nominativ	Akkusativ
der/ein Tisch	**den/einen** Tisch
die/eine Lampe	**die/eine** Lampe
das/ein Bett	**das/ein** Bett
die/--- Stühle	**die/---** Stühle

9 Rabia und Miguel brauchen Möbel.

a Hören Sie das Gespräch. Was brauchen Rabia und Miguel? Ergänzen Sie die Einkaufszettel. 41

Rabias Einkaufszettel

Wir brauchen

- ...
- ...
- ...
- ...
- ...
- ...
- ...

Miguels Einkaufszettel

Wir brauchen

- *einen Sessel*
- ...
- ...
- ...
- ...
- ...
- ...

b Sprechen Sie: Was kaufen Rabia und Miguel?

c Fragen Sie Ihre Partnerin/Ihren Partner.

Wie findest du den Sessel?

Den finde ich super.

☺	😐	☹
(sehr) **schön**	**es geht**	**nicht schön**
(sehr) **g**ut	ganz gut	hässlich
super		

10 Das Traumhaus

Zeichnen Sie Ihre Traumwohnung/Ihr Traumhaus und erzählen Sie.
Wie sieht die Wohnung aus? Was machen Sie da?

Meine Traumwohnung ist 120 m² groß. Sie hat drei Bäder. Die Bäder sind groß und hell. ...

Ich bade morgens immer.

Sprachbausteine

Zimmer

das Wohnzimmer, das Schlafzimmer, das Arbeitszimmer, das Kinderzimmer, das Bad/das Badezimmer, der Flur, das Gäste-WC, die Gäste-Toilette

Häuser

Hochhaus	Reihenhaus
Einfamilienhaus	Altbau
Bauernhof	Hausboot

Möbel und Elektrogeräte

das Bett, der Schrank, das Sofa, der Teppich, der Tisch, der Sessel, der Stuhl, das Regal
die Kaffeemaschine, die Spülmaschine, die Waschmaschine, die Lampe, der Kühlschrank, der Herd, der Fernseher ...

Adjektive

breit, schmal, schön, hässlich, neu, alt, gemütlich, ungemütlich, groß, klein, hell, dunkel, laut, ruhig, teuer, billig

Abkürzungen in Wohnungsanzeigen

EG = Erdgeschoss
OG = Obergeschoss
DG = Dachgeschoss

NK = Nebenkosten
(Heizung, Wasser, Müll usw.)
m^2/qm = Quadratmeter
Miete kalt = ohne NK

Im Haus

Erdgeschoss
Obergeschoss
Dachgeschoss
Keller

Gefallen und Missfallen ausdrücken

Wie findest du den/die/das ...?

☺	😐	☹
(sehr) schön	es geht	nicht schön
(sehr) gut	ganz gut	hässlich
super		

Die Wohnung ist hell, aber laut.
Die Lampe ist schön, aber teuer.

Grammatik

Negation mit *nicht*

Der Raum ist klein.
Der Raum ist **nicht klein**. = Der Raum ist **groß**.

Bestimmter und unbestimmter Artikel

Nominativ	**Akkusativ**
der/**ein** Tisch	**den**/**einen** Tisch
die/**eine** Lampe	**die**/**eine** Lampe
das/**ein** Bett	**das**/**ein** Bett
die/--- Stühle	**die**/--- Stühle

Personalpronomen
3. Person Sg. und Pl.

der Flur	→	**er**
die Wohnung	→	**sie**
das Bad	→	**es**
die Wohnungen	→	**sie**

Possessivartikel

	ich	**du**	**sie/Sie**
der Flur	**mein**	**dein**	**ihr/Ihr** Flur
die Wohnung	**meine**	**deine**	**ihre/Ihre** Wohnung
das Bad	**mein**	**dein**	**ihr/Ihr** Bad
die Zimmer	**meine**	**deine**	**ihre/Ihre** Zimmer

Arbeitsbuch

Im Arbeitsbuch finden Sie:

- ein separates Aussprachetraining, mit dem Sie von Beginn an Ihre Aussprache verbessern können
- vertiefende Übungen zu allen sechs Lektionen im Kursbuch, die Sie im Unterricht oder zu Hause machen können
- den Lernwortschatz jeder Lektion zusammengefasst, mit viel Platz zum Bearbeiten

Inhalt

1 Das ABC

42 **a** Hören Sie das deutsche Alphabet.

Großbuchstabe	A	B	C	D	E	F
Kleinbuchstabe	a	b	c	d	e	f
Beispiel	**A**pfel	**B**rot	**C**omputer	**D**eutschlan**d**	**E**rdb**ee**r**e**	**F**ußball

Großbuchstabe	G	H	I	J	K	L
Kleinbuchstabe	g	h	i	j	k	l
Beispiel	**G**emüse	**H**erz	**I**ch	**J**acke	**K**ind	**L**ampe

Großbuchstabe	M	N	O	P	Q	R
Kleinbuchstabe	m	n	o	p	q	r
Beispiel	**M**ilch	**N**udeln	**O**bst	**P**olizist	**Q**uark	**R**eis

Großbuchstabe	S	T	U	V	W	X
Kleinbuchstabe	s	t	u	v	w	x
Beispiel	**S**alat	**T**elefon	**U**hr	**V**ater	**W**o?	**X**ylophon

Großbuchstabe	Y	Z
Kleinbuchstabe	y	z
Beispiel	**Y**oga	**Z**ug

b Hören Sie und achten Sie auf die Aussprache der Umlaute und der Zwielaute (Diphthonge). 43

Großbuchstabe	Ä	Ö	Ü	Au	Ei	Eu, Äu
Kleinbuchstabe	ä	ö	ü	au	ei	eu, äu
Beispiel	K**ä**se	**Ö**l	**Ü**bung	**Au**ge	n**ei**n	h**eu**te, tr**äu**men

c Hören Sie und achten Sie auf die Aussprache der Buchstabenverbindungen und des Buchstaben *ß*. 44

Großbuchstabe	Ch	Sch	Sp	St	Qu	Pf	--
Kleinbuchstabe	ch	sch	sp	st	qu	pf	ß
Beispiel	i**ch**/a**ch**t	**Sch**ule	**Sp**ort	**St**uhl	**Qu**iz	**Pf**anne	Stra**ß**e

2 Buchstabieren

a Wortdiktat. Stellen Sie ein Buch auf die Linie in der Mitte der Tabelle. Diktieren Sie Ihrer Partnerin/Ihrem Partner die Wörter. Ihre Partnerin/Ihr Partner schreibt. Vergleichen Sie danach.

Guten Tag	
	Entschuldigung
Deutschland	
	Arabisch
ein bisschen	

b Hören und sprechen Sie den Dialog. 45

▶ Guten Tag. Wer sind Sie?

▷ Guten Tag. Ich heiße **Mia Schulze-Behrend** und komme aus **Mannheim**.

▶ Buchstabieren Sie bitte den Nachnamen.

▷ **S – C – H – U – L — Z – E Bindestrich B –E – H – R – E – N – D.**

▶ Vielen Dank. Und Sie kommen aus ...?

▷ **Mannheim. M – A – N – N – H – E – I – M.**

c Variieren Sie den Dialog aus Aufgabe 2b. Setzen Sie zuerst **Ihren Namen** und **Ihre Stadt** ein.

d Klassenspaziergang: Schreiben Sie einen Namen und eine Stadt auf ein Kärtchen und tauschen Sie die Kärtchen in der Klasse untereinander aus. Sprechen Sie dann mit Ihrer Partnerin/Ihrem Partner den Dialog aus Aufgabe 2b mit den neuen Informationen.

3 Laute und Buchstaben

46 **a** Hören Sie die Wörter und lesen Sie mit.

Vokale

i-Laute		
[iː]	i	**I**gel
	ie	s**ie**ben
	ih	**ih**m
	y	Hand**y**
[ɪ]	i	K**i**nd

ü-Laute		
[yː]	ü	**Ü**bung
	üh	f**üh**len
	y	S**y**rien
[ʏ]	ü	f**ü**nf
	y	Äg**y**pten

e-Laute		
[eː]	e	g**e**ben
	ee	T**ee**
	eh	M**eh**l
[ɛː]	ä	K**ä**se
	äh	z**äh**len
[ɛ]	e	s**e**chs
	ä	M**ä**nner
[ə]	-e	Frag**e**
	-en	hör**en**

ö-Laute		
[øː]	ö	sch**ö**n
	öh	S**öh**ne
[œ]	ö	**ö**ffnen

a-Laute		
[aː]	a	V**a**ter
	aa	St**aa**t
	ah	Z**ah**l
[a]	a	L**a**nd

o-Laute		
[oː]	o	sch**o**n
	oo	B**oo**t
	oh	S**oh**n
[ɔ]	o	S**o**nne

u-Laute		
[uː]	u	g**u**t
	uh	St**uh**l
[ʊ]	u	N**u**mmer

Diphthonge		
[aɛ̯]	ei	dr**ei**
	ai	M**ai**
	ey	M**ey**er
[aɔ̯]	au	**Au**to
[ɔœ̯]	eu	h**eu**te
	äu	H**äu**ser

Konsonanten

Plosive		
[p]	p	**P**ark
	pp	Pa**pp**e
	-b	lie**b**
[b]	b	**B**ruder
	bb	Ho**bb**y
[t]	t	**T**ü**t**e
	tt	We**tt**er
	dt	Sta**dt**
	th	**Th**eater
	-d	Han**d**
[d]	d	**d**u
	dd	A**dd**ition
[k]	k	**K**urs
	ck	Zu**ck**er
	c	**C**omputer
	-g	Ta**g**
[g]	g	**G**emüse
	gg	einlo**gg**en

Nasale		
[m]	m	**M**utter
	mm	i**mm**er
[n]	n	**N**acht
	nn	Do**nn**erstag
[ŋ]	ng	anfa**ng**en
	nk	da**n**ke

Hauchlaut		
[h]	h	**H**aus

l-Laut		
[l]	l	**L**ied
	ll	he**ll**

Frikative		
[f]	f	**F**ahrrad
	ff	Karto**ff**el
	v	**V**ater
	ph	Al**ph**abet
[v]	v	**V**isum
	w	**w**ohnen
[s]	s	Hau**s**
	ss	Wa**ss**er
	ß	Stra**ß**e
[z]	s	**S**alat
[ʃ]	sch	**Sch**lüssel
	sp*	**Sp**ort
	st*	**St**uhl
[ʒ]**	j	**J**ournalist
	-g-	Gara**g**e
[ç]	ch	**Ch**ina, i**ch**
	-ig	zwanz**ig**
[j]	j	**J**ahr
[x] ***	ch	a**ch**t
[ʁ]	r	**R**eis
	rh	**Rh**ein
	rr	He**rr**
[ɐ]	-er	Brud**er**
	- r	ih**r**

* nur am Wortanfang und Silbenanfang
** nur bei Fremdwörtern
*** nicht am Wortanfang und Silbenanfang

Konsonantenverbindungen		
[ks]	x	Ta**x**i
	ks	lin**ks**
	gs	monta**gs**
	chs	se**chs**
[ts]	z	**Z**ahl
	zz	Pi**zz**a
	tz	Sa**tz**
	ts	rech**ts**
	-**ti**on	Situa**ti**on
[pf]	pf	**Pf**anne
[kv]	qu	**Qu**ark

b Welche Laute gibt es in Ihrer Muttersprache, welche nicht? Sprechen Sie im Kurs.

4 Silben im Deutschen

47

a Hören Sie die Beispiele.

Hans wohnt in Trier.

Stefan wohnt in Hamburg.

Stefanie wohnt in Hannover.

Hans, Trier, Ste-fan, Ham-burg, Ste-fa-nie, Han-no-ver

b Klatschen Sie die Silben aus Aufgabe 4a. Wie viele Silben haben die Wörter?

c Nennen Sie Ihre Heimatstadt oder Ihren Wohnort. Die anderen Teilnehmerinnen und Teilnehmer klatschen die Silben.

d Lesen Sie die Wörter. Wie viele Silben haben die Wörter? Ergänzen Sie die Tabelle.

Hallo – Entschuldigung – Mann – woher – Französisch – Arabisch – Sprache – drei – willkommen – verheiratet

● Silbe	● ● Silben	● ● ● Silben	● ● ● ● Silben

e Bilden Sie Wörter mit den Wortteilen aus dem Kasten.

Schlaf-	**drat-**	**ru-**	**-en**	**Qua-**	**Wasch-**
such-	**-kon**		**ma-**	**-te**	
-zimmer	**Bal-**	**-meter**	**-hig**	**Mie-**	**-schine**

1 Mein Name ist ... 1

INFO
1 passt zu Übung 1 im Kursbuch.

a Welches Verb passt? Kreuzen Sie an.

▶ Mein Name ……1…… Ella Krüger.

Und wie ……2…… Sie?

▷ Ich ……3…… Tayo Okoye.

1 a ☐ heiße
b ☐ heißen
c ☐ ist

2 a ☐ heiße
b ☐ heißen
c ☐ ist

3 a ☐ heiße
b ☐ heißen
c ☐ ist

b Ordnen Sie den Dialog. Hören Sie dann den Dialog zur Kontrolle. 48

☐ ▶ Ich heiße Rabia Navid.

☐ ▷ Entschuldigung, wie ist Ihr Name?

☐ ▶ Guten Tag. Mein Name ist Karim Moussa. Und wer sind Sie?

2 ▷ Hallo. Mein Name ist Rabia Navid.

c Ergänzen Sie. 49

1 ▶ Hallo. ………… bin Rachid Annaanaa.

2 ▷ Guten Tag. ………… heiße Maria Ionesco.

3 ▶ Wie heißen …………, bitte?

▷ Ionesco. Maria Ionesco.

d Ergänzen Sie die Wörter aus dem Kasten.

heiße | heißen | Ich | Ihr | ist | ist | Mein | Sie

1 ▶ Wie ………… ………… Name?

2 ▷ ………… Name ………… Ana Schmidt.

3 ▶ Entschuldigung. Wie ………… …………?

4 ▷ ………… ………… Schmidt, Ana Schmidt.

e Schreiben Sie Sätze.

1 heiße | ich | Ella | Krüger | . *Ich ...*

2 bitte | heißen | Sie | wie | , | ?

3 heiße | ich | Schmidt | Ana | .

4 Ihr | wie | Name | ist | ?

5 Tag | Name | guten | ist | mein | Tayo | , | .

2 Woher kommen Sie? 2

Ergänzen Sie die Endungen.

1 ▶ Ich heiß...... Ella Krüger und ich komm...... aus Deutschland. Woher komm...... Sie, Frau Navid?

2 ▷ Ich komm...... aus dem Iran.

3 ▶ Und Sie, Frau Schmidt?

4 ▷ Ich komm...... aus Bulgarien.

5 ▶ Woher komm...... Sie, Herr Moussa?

6 ○ Ich komm...... aus Syrien.

3 Ich komme aus ... 2

a Finden Sie die Wortgrenzen und schreiben Sie den Text. Schreiben Sie Namen und Länder groß (Karim, Syrien).

hallo | ich | heiße | KarimundkommeausSyriengutenTagichbinRabiaundkommeausdemIranich heißeAnaundkommeausBulgarien

Schreiben Sie:

Hallo, ich heiße ...

b Lesen Sie den Text und kreuzen Sie an. Was ist richtig?

Ich bin Mitra. Mein Nachname ist Reza. Ich komme aus Teheran im Iran.
Ich wohne ein Jahr in Deutschland. In Frankfurt am Main.

1 Das ist a ☐ Frau Reza. b ☐ Reza Mitra.

2 Frau Reza a ☐ kommt aus dem Iran. b ☐ kommt aus Deutschland.

3 Frau Reza a ☐ wohnt in Teheran. b ☐ wohnt in Frankfurt am Main.

c Ergänzen Sie die Fragen und schreiben Sie die Antworten.

1 Guten ______, Frau Salewska. Woher ______ ______? *Aus Polen.*

2 Guten Tag, ______ Navid. ______ kommen ______? *Aus* ______

3 ______ Tag, Herr Okoye. ______ ______ ______? ______ *Nigeria.*

4 ______ ______, Frau Krüger. ______ ______ Sie? ______

5 Und Sie? ______ kommen Sie? *Ich* ______

4 Herzlich willkommen! 3

a Finden Sie die Wortgrenzen und schreiben Sie.

hallotschüssgutenabendherzlichwillkommenguten taggutenmorgen

______

______

b Was hören Sie? Unterstreichen Sie.

Guten Morgen

Hallo

Guten Abend

Herzlich willkommen

Gute Nacht

Guten Tag

Tschüss

Auf Wiedersehen

c Hören Sie und schreiben Sie. 50 51

1 Gu___en Mor___en

2 Gu___en Ta___

3 G___ten ___bend

4 Gut___ N___cht

5 Ha___o

6 Her___lich will___ommen

7 ___f W___derseh___n

8 Tsch___ss

d Was sagen Sie?

______ ______ ______

5 *Sie* oder *du*? 4

a Ergänzen Sie.

▶ Woher komm**en** ………?
▷ Ich komme aus Indien.
Und woher komm**en** ………?

▶ Woher komm**st** ………?
▷ Ich komme von den Philippinen.
Und ………? Woher komm**st** ………?

b ▶ Hallo, wer ……… **Sie**?
▷ Ich bin Frau Navid. Und wer ……… **Sie**?

▶ Hallo, wer ……… **du**?
▷ Ich heiße Rabia. Und wie ……… **du**?

c Ergänzen Sie.

	sein	kommen	heißen
ich		*komme*	
du			
Sie	*sind*		

6 Wie geht‘s? 5

a Ordnen Sie zu.

100 % — Nicht so gut.
80 % — Gut.
60 % — Sehr gut.
40 % — Es geht so.

b Was ist richtig?

1 ▶ Guten Tag, Herr Fischer, wie geht es ~~dir~~/Ihnen?
▷ Sehr gut, danke, Frau Navid. Und wie geht es dir/Ihnen?
▶ Gut, danke.

2 ▶ Hallo, Karim, wie geht es dir/Ihnen?
▷ Na ja, es geht so, Mario. Und dir/Ihnen?
▶ Mir/Ich geht es gut – sehr gut!

3 ▶ Guten Morgen, Frau Krüger, wie geht es Ihnen/Sie?
▷ Gut, danke.

Und wie geht es Ihnen heute?

Mir ……………………………………

……………………………………

c Ergänzen Sie.

▶ Guten Tag, Herr Fischer, wie ......1...... es Ihnen?

▷ Sehr ......2......, danke, Frau Arslan. Und wie ......3...... es Ihnen?

▶ ......4......, danke.

▷ Hallo, Karim, wie ......5...... dir?

▶ Na ja, es ......6...... so, Stefan. Und dir?

▷ Mir ......7.......

▶ Guten Morgen, Frau Schmidt, wie ......8......?

▷ Nicht ......9......, ich bin krank.

▶ Das tut mir leid. Gute Besserung.

7 Fragen 6

Schreiben Sie die Fragen.

1 ....?

Ich heiße Anong.

2 ....?

Ich komme aus Thailand.

3 ....?

Mir geht es gut.

4 ....?

Sehr gut, danke.

8 Länder und Sprachen 7

a Suchen Sie Sprachen und Länder.

E	R	C	V	Ä	S	Z	I	E	N
I	S	P	A	N	I	E	N	E	P
R	Y	Z	E	N	V	R	G	T	O
A	R	A	B	I	S	C	H	U	K
N	I	S	W	G	E	S	T	B	G
W	E	R	D	E	U	T	S	C	H
Q	N	X	I	R	U	E	C	H	A
T	Ü	R	K	I	S	C	H	G	N
M	S	P	R	A	A	E	I	K	A

b Ordnen Sie zu.

Indonesien	Arabisch
Deutschland	Hindi
Indien	Englisch
Frankreich	Filipino
Marokko	Indonesisch
Polen	Polnisch
Philippinen	Französisch
USA	Deutsch

c Antworten Sie.

Welche Sprachen sprechen Sie? *Ich* ....

Sprechen Sie auch ein bisschen Deutsch? ....

9 Sprichst du ...? 8

a Was ist richtig?

1 Rabia, sprichst du/Sie Französisch?
2 Nein, Tayo. Und du? Sprechen/Sprichst du Französisch?
3 Ja. Französisch und Englisch.

b Schreiben Sie den Dialog mit *Sie*.

....

....

10 *Er* und *sie* 9

Schreiben Sie *er* oder *sie*.

1 Hallo, Rabia, wo ist denn Ana? .... kommt nicht. .... ist krank.

2 Und Tayo? Wo ist .... ? .... ist hier!

3 Woher kommt .... ? .... kommt aus Nigeria.

4 Und Ana? .... kommt aus Bulgarien.

11 Wer ist das? 9

a Hören Sie und ordnen Sie zu. 52

Karim	Polen	Deutsch, Englisch, Spanisch
Tayo	Deutschland	Polnisch, Russisch, Englisch, Deutsch
Frau Krüger	Syrien	Englisch, Yoruba, Französisch, Deutsch
Laura	Nigeria	Arabisch, Türkisch, Deutsch

b Schreiben Sie Sätze mit *er* und *sie*.

....

....

....

....

....

....

....

....

12 Verben 9

Schreiben Sie die Verbformen in die Tabelle.

sind | spreche | heißt | komme | ist | spricht | kommen | bist | heißen | kommt | heißt | bin | sprechen | kommst | sprichst | heiße

	sein	heißen	kommen	sprechen
ich				
du				
er/sie/...				
sie/Sie				

Lernwortschatz

Begrüßung

Guten Morgen.
Guten Tag.
Guten Abend.
Gute Nacht.
Hallo.
Auf Wiedersehen.
Tschüss.

Personen

eine Frau, 2 Frauen
ein Mann, 2 Männer

die Frau, Frauen
der Mann, Männer
die Deutschlehrerin, Deutschlehrerinnen
der Deutschlehrer, Deutschlehrer

Wie geht's?

Es geht so.
Gut.
Nicht so gut.
Sehr gut.

Fragen und Antworten

Schreiben Sie.

wer *Wer ist das?*
wie
welche
woher
danke
die Entschuldigung
Wie bitte?

Herkunft und Sprache

der Name, Namen
heißen
sein (ich bin)
die Sprache, Sprachen
sprechen
ein bisschen
und
nicht
kommen aus

1 Meine Familie 1

a Ergänzen Sie.

Mann
Vater
...
Bruder

Frau
...
Tochter
...

b Finden Sie die Wortgrenzen und schreiben Sie den Text ab.

ich/und/meinefamiliewohneninberlinwirhabenzweikindersiesindfünfundzwölfjahrealt

Ich und ...

c Wer ist das?

1 Das ist mein ...

2 ...

3 ...

2 Zahlen 2

a Welche Zahlen sehen Sie? Schreiben Sie.

b Wie geht die Reihe weiter? Hören Sie und sprechen Sie nach. 53

1 2 – 4 – 6 – ... – ... – ... – ... – ... – ... – 20

2 3 – 6 – 9 – ... – ... – 18

3 4 – 8 – 12 – ... – 20

4 5 – 10 – ... – 20

c Lösen Sie das Sudoku-Rätsel. In jeder Spalte, in jeder Zeile, in jedem Kästchen dürfen die Zahlen von eins bis neun nur einmal vorkommen.

	acht		drei		eins	zwei	sechs	
sieben		drei				fünf		
			fünf					acht
sechs		vier	acht	neun		eins		
	drei	zwei			sieben			
	sieben						neun	
			sieben	fünf				
acht				zwei		vier		sechs
		fünf			acht			sieben

3 Das Verb haben 3

a Ergänzen Sie.

ich ....

du ....

er/sie ....

wir ....

...

sie/Sie ....

b Ergänzen Sie *haben* in der richtigen Form.

1 .... du Kinder, Ana? Ja, ich .... ein Kind.

2 .... Sie Kinder, Frau Krüger? Nein, ich .... keine Kinder.

3 Mein Bruder .... eine Tochter. Sie heißt Ewa.

4 Meine Schwester .... keine Kinder.

5 Wir .... drei Kinder.

4 Interview 4

a Schreiben Sie Fragen mit *Sie*.

1 Woher kommst du? *Woher kommen Sie?*

2 Wo wohnst du? ....

3 Wohnst du in Deutschland? ....

4 Bist du verheiratet? ....

5 Hast du Kinder? ....

6 Sprichst du Deutsch? ....

b Welche Antwort passt? Kreuzen Sie an.

1 Bist du verheiratet?
- a ☐ Nein, ich bin geschieden.
- b ☐ Ja, ich bin geschieden.
- c ☐ Nein, ich habe eine Frau.

2 Woher kommen Sie?
- a ☐ In Deutschland.
- b ☐ Aus Peru.
- c ☐ In Deutschland und Peru.

3 Wo wohnen Sie?
- a ☐ Aus Frankfurt.
- b ☐ In Frankfurt.
- c ☐ Frankfurt.

4 Sprichst du Deutsch?
- a ☐ Ja, ein bisschen Englisch.
- b ☐ Ja, sehr gut.
- c ☐ Nein, ich spreche Deutsch.

5 Buchstabieren Sie bitte! 5

Was hören Sie? Kreuzen Sie an. 54

1 a ☐ Grossmann
  b ☐ Großmann

2 a ☐ Schmidt
  b ☐ Schmitt

3 a ☐ Eva
  b ☐ Ewa

4 a ☐ Maier
  b ☐ Meier

5 a ☐ Müller
  b ☐ Mühler

6 a ☐ Kehler
  b ☐ Köhler

6 Wie heißen die Wörter? Schreiben Sie. 6

1 m e N a *Name* ....

2 l E t r e n ....

3 S h c e w t s r e ....

4 N a c h m e n a ....

5 i l e i F m a ....

6 d r e K n i ....

7 u r B r e d ....

8 a e V r t ....

7 Ana Schmidt 7

55 **a** Hören Sie und kreuzen Sie an. Was ist richtig?

1 Woher kommt Ana?
- a ☐ Aus Frankfurt.
- b ☐ Aus Italien.
- c ☐ Aus Bulgarien.

2 Wo wohnt sie?
- a ☐ Hamburger Allee 6
- b ☐ Hamburger Allee 8
- c ☐ Hamburger Allee 18

3 Hat sie Kinder?
- a ☐ Ja, ein Kind.
- b ☐ Ja, drei Kinder.
- c ☐ Nein.

55 **b** Hören Sie noch einmal und ergänzen Sie das Formular für Ana.

Nachname	*Schmidt*	1
Vorname		2
Heimatland		3
Adresse		4
Telefonnummer		5
Familienstand		6
Kinder		7

c Füllen Sie das Formular aus. Wie ist Ihr Nachname? ...

Nachname	
Vorname	
Heimatland	
Adresse	
Telefonnummer	
Familienstand	
Kinder	

8 Zahlen von 1 bis 100 [8]

a Schreiben Sie die Zahlen.

12 *zwölf* ....

18 ....

21 ....

23 ....

32 ....

45 ....

54 ....

80 ....

99 ....

b Hören Sie und sprechen Sie nach. 56

3 – 13 – 30	4 – 14 – 40	5 – 15 – 50	6 – 16 – 60	7 – 17 – 70	8 – 18 – 80
12 – 21	23 – 32	45 – 54	67 – 76	89 – 98	19 – 91

c Wie geht die Reihe weiter? Hören Sie und sprechen Sie nach. 57

10 – 20 – ... – ... – ... – ... – ... – ... – ... – 100

11 – 22 – ... –... – ... – ... – ... – ... – 99

15 – 30 – ... – ... – ... – 90

20 – 40 – ... – ... – 100

d Rechnen Sie.

1 dreiunddreißig + zwölf = ...

2 sechsundsiebzig + fünfzehn = ...

3 achtundneunzig – siebenundzwanzig = ...

4 neunzehn – acht = ...

+ plus
– minus
= gleich

9 Telefonnummern [8]

Was ist richtig? Kreuzen Sie an: a, b oder c. Sie hören jeden Text zweimal. 58

1 a ☐ 069 42 35 17

b ☐ 069 42 53 7

c ☐ 069 42 53 17

2 a ☐ 0161 24 35 2 88

b ☐ 0161 42 53 2 88

c ☐ 0161 24 53 2 88

10 Das Verb *sein* 9

a Ergänzen Sie die Tabelle.

ich *bin*	er/sie	...
du	wir	sie/Sie ......

b Ergänzen Sie *sein* in der richtigen Form.

1 Wie alt ...... deine Tochter? – Sie ...... 12 Jahre alt.
2 Und wie alt ...... du, Raschid? – Ich ...... 35.
3 Herr Kowalski, wie alt ...... Sie? – Ich ...... 42 Jahre alt.
4 Wie alt sind Sarah und Lea? – Sie ...... 11 und 12 Jahre alt.

11 Informationen zur Person 10

a Was passt zusammen? Ordnen Sie zu.

1 Sind Sie verheiratet?
2 Haben Sie Kinder?
3 Wie alt ist Ihr Kind?
4 Wo wohnen Sie?
5 Wie ist Ihre Adresse?
6 Wie ist die Postleitzahl?
7 Wie ist Ihre Telefonnummer?

a Berliner Straße 17 in 50868 Köln.
b 50868.
c Nein, ich bin geschieden.
d 0221 673942.
e In Köln.
f Ja, ein Kind.
g Zwölf Jahre.

59 **b** Hören Sie zur Kontrolle.

12 Formulare 11

a Ordnen Sie zu und ergänzen Sie.

Telefonnummer | Kinder | Nachname | Heimatland | Adresse | Familienstand | Vorname

...... Naumann
...... Bettina
...... Österreich
...... Egerstraße 20
9020 Klagenfurt am Wörthersee
...... 0463 86778
...... ☒ verheiratet ☐ ledig
☐ geschieden ☐ verwitwet
...... drei

b Ordnen Sie zu.

~~Straße~~ | Vorname | ledig | Hausnummer | Postleitzahl (PLZ) | geschieden | Familienname | verheiratet | Nachname | Wohnort | ~~verwitwet~~

Name: ……………………………………

Adresse: *Straße* ……………………………………

Familienstand: *verwitwet* ……………………………………

13 Familie Yılmaz 1–11

a Ergänzen Sie die Verben in der richtigen Form.

Herr und Frau Yılmaz ……1…… aus der Türkei (kommen).

Er ……2…… schon zwölf Jahre und sie ……3…… vier Jahre in Hamburg (wohnen, leben).

Sie ……4…… einen Sohn (haben). Er ……5…… Mahmud und ……6…… drei Jahre alt (heißen, sein).

Zu Hause ……7…… sie Deutsch und Türkisch (sprechen).

b Ordnen Sie zu und ergänzen Sie die Verben in der richtigen Form.

leben | sprechen | heißen | kommen | haben

Ich …………… aus Pakistan. Ich …………… zwei Kinder. Sie …………… Amina und Nishaat.

Wir …………… in Deutschland. Wir …………… Urdu, Englisch und Deutsch.

14 Deutsche Vornamen

Kreuzen Sie an: Mann, Frau, oder beides?

Sasha	☐	☐	Kim	☐	☐
Ben	☐	☐	Paul	☐	☐
Mika	☐	☐	Lea	☐	☐
Sophie	☐	☐	Katrin	☐	☐
Jonas	☐	☐	Alex	☐	☐
Paula	☐	☐	Martin	☐	☐
Ulli	☐	☐	Louise	☐	☐

Lernwortschatz

Familie

die Familie, Familien
die Eltern
der Vater, Väter
die Mutter, Mütter
der Sohn, Söhne
die Tochter, Töchter
das Kind, Kinder
keine Kinder
der Bruder, Brüder
die Schwester, Schwestern
die Frau, Frauen
der Herr, Herren
der Mann, Männer
alt sein
das Jahr

Wie heißen die Wörter in Ihrer Sprache? Übersetzen Sie.

Formulare

das Formular ausfüllen
der Vorname
der Nachname/Familienname
die Adresse
die Straße
die Hausnummer
die Postleitzahl (PLZ)
der Wohnort
die Telefonnummer
die Handynummer
das Heimatland
Familienstand: ledig | verheiratet | geschieden | verwitwet

Suchen Sie einen Satz im Kursbuch!

Verben

buchstabieren — *Buchstabieren Sie bitte.*
haben
heißen
leben
sein — *Wie ist Ihr Name?*
wohnen

Ja und Nein

bitte – danke
ja – nein
Das stimmt.
richtig

Fragewörter

wer
wie (viele)
wo
woher

1 Nomen und Verben 1

Was passt?

CD | Heft | Papier | Buch | Wort | Bleistift | Kuli | Zettel

schreiben ....

hören ....

lesen ....

sprechen ....

buchstabieren ....

2 Im Kursraum 1

a Finden Sie 18 Wörter. Schreiben Sie die Wörter.

T	W	W	Ö	R	T	E	R	B	U	C	H	E	K
I	C	D	G	A	P	B	U	C	H	D	N	F	U
R	N	T	Ü	R	Y	W	C	N	L	I	V	E	L
Y	L	A	M	P	E	R	K	O	B	R	V	N	I
P	K	F	B	L	E	I	S	T	I	F	T	S	W
R	H	E	F	T	D	T	A	S	C	H	E	T	O
B	I	L	D	T	I	S	C	H	J	I	W	E	B
C	A	S	T	U	H	L	K	P	W	S	U	R	U
R	A	D	I	E	R	G	U	M	M	I	A	N	H
S	N	C	D	M	O	Z	E	T	T	E	L	D	C
A	N	S	P	A	P	I	E	R	K	O	R	B	P
S	U	L	L	E	H	R	E	R	I	N	N	I	N

Lampe, ...

....

....

....

....

b Was passt?

Bleistift | Buch | Papier | Stuhl | Tasche | Tür

1 ein Tisch und ein ....

2 ein Kuli und ein ....

3 ein Heft und ein ....

4 ein Fenster und eine ....

5 ein Rucksack und eine ....

6 ein Papierkorb und ein Blatt ....

3 *Kein* oder *keine*? 2

Schreiben Sie Sätze.

1 Ist das eine Tür? *Nein, das ist keine Tür. Das ist ein Fenster.*

2 Ist das eine Tasche? ....

3 Ist das eine Lampe? ....

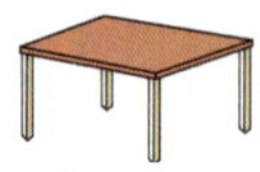

4 Ist das ein Papierkorb? ....

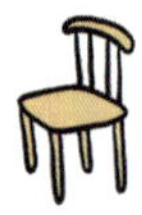

5 Ist das ein Radiergummi? ....

4 Entschuldigen Sie, bitte. 3

a Ordnen Sie den Dialog und schreiben Sie.

▶ Ist das ein Wörterbuch?

▶ ~~Entschuldigung. Ich habe eine Frage.~~

▶ Und wie heißt das auf Deutsch?

▷ Ja, bitte?

▷ Das ist eine CD.

▷ Nein, das ist doch kein Wörterbuch.
Das ist ein Kursbuch.

1 *Entschuldigung. Ich habe eine Frage.*

2 ....

3 ....

4 ....

5 ....

6 ....

60 **b** Hören Sie zur Kontrolle.

5 Verben 7

a Ergänzen Sie die richtigen Endungen.

1 Woher komm*en* Sie? — Ich komm*e* aus Griechenland.

2 Wo wohn ___ Sie? — Wir wohn ___ in Berlin.

3 Was mach ___ Sie in Berlin? — Wir lern ___ Deutsch.

4 Woher komm ___ du? — Ich komm ___ aus der Türkei.

5 Und woher komm ___ Sie? — Wir komm ___ aus Rumänien.

6 Was mach ___ ihr jetzt? — Wir mach ___ eine Pause.

7 Lern ___ Joana auch Deutsch? — Sie lern ___ Deutsch und Englisch.

b Ergänzen Sie die richtige Form von *sprechen*.

▶ Herr Gonzales, sprechen Sie Deutsch?
▷ Ja, ich ___ Deutsch, Englisch und natürlich Spanisch.

▶ Tom und Agnes, ___ ihr Deutsch?
▷ Ja, wir ___ ein bisschen Deutsch.

▶ Julia, ___ du auch Englisch?
▷ Nein, ich ___ kein Englisch, aber Johanna ___ gut Englisch.

c Ergänzen Sie die Verben. Hören Sie danach zur Kontrolle. 61

▶ Guten Tag. Mein Name ___1___ Isabella Perez.

▷ Hallo, ich ___2___ Surya Singla. Ich komme aus Indien. Woher ___3___ Sie, Frau Perez?

▶ Ich ___4___ aus Spanien. Frau Singla, haben Sie Kinder?

▷ Nein, und Sie?

▶ Ich habe zwei Kinder, Alberto und Isabella. Sie ___5___ 5 und 7 Jahre alt. ... Da kommt Juan.

○ Hallo Isabella. Guten Tag, Frau ...

▶ Singla ...

○ Frau Singla. Ich ___6___ Juan. Sagen wir „du"?

▶ Ja, natürlich. Juan, ___7___ du auch aus Spanien?

○ Nein, ich komme aus Peru. ___8___ ihr beide auch im Deutschkurs?

▷ Ja, wir ___9___ zusammen im Kurs A1.

6 Eine E-Mail 8

Ordnen Sie die E-Mail und schreiben Sie die E-Mail neu.

~~Hallo Ludmila,~~

ist nett. Und was machst du? Mein Bruder sagt,

Viele Grüße

Basel. Stimmt das?

wie geht es dir? Mir geht es gut. Ich wohne jetzt

Mary

in Wien und lerne Deutsch. Die Lehrerin

du bist jetzt Englischlehrerin in

An

Cc

Betreff

Hallo Ludmilla,

....

....

....

....

....

....

7 Verben 8

Herr Neumann .... (sprechen) sehr schnell und ich .... (verstehen) nicht alles. Das ist kein Problem. Ich .... (fragen) dann und er .... (sagen) alles noch einmal. Jetzt .... (haben) wir Pause. Ich .... (schreiben) schnell eine Nachricht und dann .... (lernen) wir wieder Deutsch.

8 Wochentage 9

a Schreiben und ordnen Sie die Wochentage.

tagMon | Dietagsn | woMittch | Dontagners | tFreiga | gatsmaS | gatnnoS

Montag						

b Schreiben Sie die Fragen richtig. Ergänzen Sie die Antworten.

Ja, richtig.

1 Sonntag | heute | ist | ? *Ist heute Sonntag?* Nein, heute ist ……

2 Montag | heute | ist | ? …… ?

3 ist | übermorgen | Mittwoch | ? …… ? Nein, übermorgen ist ……

4 Samstag | gestern | war | ? …… ? ……

5 vorgestern | Donnerstag | war | ? …… ? ……

9 Was ist richtig? 10

Kreuzen Sie an: a, b oder c? Sie hören jeden Text zweimal. 62

1 Wann ist kein Deutschkurs?
a ☐ Am Dienstag b ☐ Am Mittwoch c ☐ Am Donnerstag

2 Wo ist der Deutschkurs?
a ☐ In Raum 103 b ☐ In Raum 113 c ☐ In Raum 131

3 Was sind die Hausaufgaben?
a ☐ Seite 9, Übung 10 b ☐ Seite 10, Übung 9 c ☐ Seite 10, Übung 19

10 *Nicht oder kein/e?* 11

Ergänzen Sie.

1 Ich verstehe …… alles. – Das ist …… Problem. Fragen Sie noch einmal.

2 Das ist …… Wörterbuch, das ist ein Übungsbuch.

3 Was ist die Hausaufgabe? Ich weiß …… .

4 Das ist …… richtig.

5 Ich mache …… Pause.

Ich habe keine Ahnung!

6 Ich bin …… im Englischkurs.

7 Wir sprechen …… viel.

8 Schreibst du eine E-Mail? – Nein, ich schreibe …… E-Mail.

9 Frau Krüger spricht …… schnell.

10 Wir machen …… viele Hausaufgaben.

11 Das mache ich nicht! 11

Schreiben Sie Sätze mit *nicht*.

1 *Ich lese nicht. Ich schreibe.*

2 Er *hört* ……………… . Er ……………… .

3 Ihr ……………… . Ihr ……………… .

4 Wir ……………… . Wir ……………… .

5 Sie ……………… . Sie ……………… .

12 Was ist da?

a Ordnen Sie zu. Schreiben Sie auch den bestimmten und unbestimmten Artikel.

Bleistift | Block | Fenster | Junge | Mädchen | Mäppchen | Stuhl | Tafel | Tisch

………………

………………

………………

das/ein Mädchen

………………

………………

………………

………………

………………

b Sehen Sie sich das Foto an und ergänzen Sie die Antworten.

1 Ist da ein Kuli? *Nein, da ist kein Kuli.*

2 Liest der Junge?

3 Ist da ein Bleistift?

4 Sind da drei Fenster?

5 Ist da eine Tafel?

6 Ist da eine Lehrerin?

7 Sind da zwei Mädchen und ein Junge?

8 Sind da Stühle?

9 Was ist nicht da?

13 Wortbausteine 12

Bilden Sie Wörter.

Familien | Familien | Haus | Vor | Wohn | Post | Wörter

ort | name | buch | stand | leitzahl | name | nummer

14 Mein Kursbuch

Wo ist das im Kursbuch? Suchen Sie.

ein Bild | eine Landkarte | eine Seite | eine Tabelle | ein Text | eine Übung | ein Wort | eine Wortliste

Lernwortschatz

Was haben Sie? Schreiben Sie Zettel.

Im Kursraum

das Blatt, Blätter
der Bleistift, Bleistifte
die CD, CDs
das Fenster, Fenster
das Heft, Hefte
der Kuli, Kulis
die Lampe, Lampen
das Mäppchen, Mäppchen
das Papier
der Radiergummi, Radiergummis
der Rucksack, Rucksäcke
der Spitzer, Spitzer
der Stuhl, Stühle
die Tafel, Tafeln
die Tasche, Taschen
der Tisch, Tische
die Tür, Türen
der Zettel, Zettel

Im Buch

das Bild, Bilder
das Buch, Bücher
die Hausaufgabe, Hausaufgaben
die Seite, Seiten
die Übung, Übungen
das Wort, Wörter

Verben

Schreiben Sie Sätze.

antworten *Ich antworte.*
buchstabieren *Du ...*
fragen
hören
lernen
lesen
schreiben
verstehen

Gegenteile

groß – klein
langsam – schnell
richtig – falsch

1 Obst, Gemüse, Getränke und anderes 1

a Was passt nicht?

1 Birne – Melone – ~~Tee~~ – Apfel
2 Saft – Salat – Bier – Kaffee
3 Möhren – Tomaten – Honig – Kartoffeln
4 Kartoffeln – Reis – Mango – Nudeln
5 Joghurt – Fisch – Butter – Milch
6 Zwiebeln – Zucker – Honig – Schokolade

b Welche Lebensmittel passen noch? Ergänzen Sie.

c Hören Sie die Wörter und sprechen Sie nach. 63

Salat	Zucker	Salz	Birne	Honig	Apfel	Zwiebel	Wasser	Kartoffeln	Reis	Milch
o O	O o	O	O o	O o	O o	O o	O o	o O o	O	O

d Welche Obstsorten sind das? Ergänzen Sie die Vokale.

…pf…l, …rdb……r, M…nd…r…n…, K…w…, K…rsch…, …r…ng…, Pf…rs…ch,
B…n…n…, Tr…be, Z…tr…n…, M…ng…, Bl……b……r…

2 Obst und Gemüse 2

a Finden Sie sieben Obst- und sieben Gemüsesorten.

S	A	Z	P	A	P	R	I	K	A	E	N	E	B
A	C	I	G	A	P	B	U	C	H	R	N	B	U
L	N	T	Ü	T	Y	W	C	N	L	B	V	I	L
A	L	R	M	R	E	R	K	O	B	S	V	R	I
T	S	O	R	A	N	G	E	T	I	E	T	N	W
R	I	N	F	U	D	X	A	K	C	N	E	E	O
K	X	E	D	B	I	S	C	H	G	U	R	K	E
I	F	K	T	E	Z	W	I	E	B	E	L	A	U
W	A	A	I	N	R	G	U	M	P	A	L	P	I
I	N	L	D	M	E	L	O	N	E	E	L	F	C
A	K	A	R	T	O	F	F	E	L	O	R	E	P
T	O	M	A	T	E	N	E	R	I	N	N	L	N

b Alles klar? Schreiben Sie die Obst- und Gemüsesorten in die Tabelle.
Ergänzen Sie die bestimmten Artikel.

das Obst	das Gemüse
die Kiwi	

c Ergänzen Sie den Plural.

d Welche Lebensmittel stehen meistens im Singular?

Saft ....

3 *Der, die, das, ein, eine, ein* 3

a Ergänzen Sie die bestimmten und unbestimmten Artikel.

das / *ein* Brot, ... / .... Ei, ... / .... Kartoffel, ... / .... Apfel, ... / .... Birne,
.... / .... Möhre, ... / .... Tomate, ... / .... Zwiebel, ... / .... Paprika,
.... / .... Kiwi, ... / .... Banane, ... / .... Bohne, ... / .... Wein,
.... / .... Bier, ... / .... Tee, ... / .... Kaffee, ... / .... Limonade, ... / .... Saft

b Ergänzen Sie die Regeln.

Singular	Plural	
der	die	
die	die	Regel: Der bestimmte Artikel Plural ist immer „........1........“.
das	die	
ein	---	
eine	---	Regel: Unbestimmte Artikel haben ....2........ Plural.
ein	---	

c Singular oder Plural? Ergänzen Sie den bestimmten Artikel.

.... Äpfel, ... Tee, ... Bananen, ... Tomaten, ... Ei,
.... Brote, ... Fisch, ... Kiwis, ... Honig, ... Brot, ... Eier,
.... Fische, ... Schokolade, ... Birnen, ... Kaffee

d Schreiben Sie die Lebensmittel im Singular und im Plural in die Tabelle. Sortieren Sie nach Artikeln.

der	die	das
Apfel, Äpfel		

4 Wie viel möchten Sie? 4

Was passt zusammen? Ordnen Sie zu.

Wir schreiben	Wir sagen
1 kg	ein Pfund
1,89 €	neunundneunzig Cent
3 l	drei Liter
50 g	ein Kilo/ein Kilogramm
0,99 €	eins neunundachtzig/ein Euro neunundachtzig (Cent)
500 g	fünfzig Gramm

5 Wir essen zusammen. 4

a Ergänzen Sie die Endungen.

	brauchen	kaufen
ich	brauch*e*	kauf
du	brauch	kauf*st*
er/sie/es	brauch	kauf
wir	brauch	kauf
ihr	brauch	kauf
sie/Sie	brauch	kauf

b Sie wollen mit Freunden zusammen essen. Was brauchen Sie? Schreiben Sie Fragen.

1 (brauchen | wir | Nudeln) *Brauchen wir Nudeln?*

2 (kaufen | du | Saft) ……

3 (haben | ihr | Eier) ……

4 (brauchen | ihr | Fleisch) ……

5 (kaufen | wir | Gemüse) …… *, O.K.?*

c Antworten Sie mit *nein*.

1 Brauchst du einen Becher Joghurt? *Nein, ich brauche keinen Becher Joghurt, aber ich brauche eine Flasche Wasser.*

2 Brauchen wir einen Liter Milch? ……

3 Möchtet ihr ein Eis? ……

4 Brauchst du ein Kilo Schokolade? ……

5 Möchtest du einen Apfel? ……

6 Packung, Flasche, Glas ... 5

Ergänzen Sie. Welche Lebensmittel passen?

Glas – *Honig*

Dose

Becher

Flasche

Packung

7 Einkaufszettel 5

64

a Hören Sie die Dialoge und ergänzen Sie die Einkaufszettel.

1

1 Glas ……
1 Pack. ……
1 Pack. ……
…… *Eier*
3 …… *Sahne*
1 Pack. ……

2

1 kg ……
2 kg ……
1 …… *Bohnen*
1 Flasche ……
2 …… *Wasser*
1 Pfund ……

3

1 Pack. ……
150 g ……
2 Becher ……
2 ……
2 kg ……
1 l ……

b Was brauchen Sie für Ihr Mittagessen?

Ich brauche ……

8 Abkürzungen 5

Was heißt das? Schreiben Sie.

1 kg ……
2 g ……
3 l ……
4 € ……

9 Im Supermarkt 5

a Hören Sie und notieren Sie die Preise. 65

Karim: Rabia, wie viel kostet der Kaffee?

Rabia: Der Kaffee kostet ______ €.

Karim: Und das Glas Honig?

Rabia: Das Glas kostet ______ €. Karim, wie teuer sind die Melonen?

Karim: Eine Melone kostet ______ €.

Rabia: Und der Reis?

Karim: Der kostet ______ €.

b Was hören Sie? Markieren Sie. 66

1 5,89 € – 5,98 € – 5,99 €

2 0,96 € – 9,60 € – 96,00 €

3 2,49 € – 2,59 € – 2,94 €

4 0,55 € – 0,56 € – 0,59 €

c Sie hören Durchsagen aus dem Supermarkt. Welche Antwort ist richtig: a, b oder c? Kreuzen Sie an. 67

Beispiel:

Wie viel kostet ein Kilo Rindfleisch?

a ☐ 5,69 € b ☒ 6,99 € c ☐ 9,66 €

1 Wie viel kostet heute ein Kilo Äpfel?

a ☐ 1,60 € b ☐ 1,69 € c ☐ 1,96 €

2 Was kostet 1,30 €?

a ☐ Kakao b ☐ Kaffee c ☐ Wasser

3 Wann schließt der Supermarkt heute?

a ☐ um 20 Uhr b ☐ um 21 Uhr c ☐ um 22 Uhr

d Markieren Sie die Wortgrenzen und schreiben Sie den Text ab.

Heutehabenwireinsuperangebotanderfleischtheke:6,99€füreinkilorindfleisch!

______

______

______

10 Rabia und Karim im Supermarkt 6

68 **a** Hören Sie den Dialog. Was möchte Rabia kaufen? Und was möchte Karim kaufen? Notieren Sie.

Das möchte Rabia kaufen: ……………………

Das möchte Karim kaufen: ……………………

b Lesen Sie den Dialog zur Kontrolle. Haben Sie alles richtig?

Karim: Hallo Rabia!
Rabia: Hallo Karim!
Karim: Schön, dass ich dich sehe, Rabia. Ich brauche Kaffee. Wo ist der Kaffee?
Rabia: Da vorne, Karim. Er kostet heute nur 2,99 €. Sonderangebot.
Karim: Toll! Magst du auch gerne Kaffee?
Rabia: Nein, ich mag Tee: Grüntee, Schwarztee, Kräutertee, alle Sorten.
Karim: Was möchtest du kaufen, Rabia?
Rabia: Also, ich brauche alles zum Frühstück. Tee, Marmelade, Brot, Käse, Butter.
Karim: Und ich brauche Gemüse und Fleisch für das Abendessen.
Rabia: Wow, machst du das Essen?
Karim: Ja, klar, warum fragst du?
Rabia: Ach, nur so. Also, tschüss, Karim.
Karim: Tschüss, Rabia.

68 **c** Hören Sie den Dialog noch einmal und sprechen Sie mit.

d Lesen Sie den Dialog noch einmal. Markieren und notieren Sie die Wörter mit *ä, ö, ü*. Kennen Sie noch andere Wörter mit *ä, ö, ü*?

schön, ……………………

e Lesen Sie den Dialog noch einmal. Markieren und notieren Sie die Verben.

sehen, ……………………

f Und Sie? Antworten Sie.

1 Was essen Sie zum Frühstück? ……………………
2 Was trinken Sie zum Frühstück? ……………………
3 Mögen Sie Kaffee? ……………………
4 Was mögen Sie zum Abendessen? ……………………
5 Essen Sie heute Gemüse? ……………………
6 Was trinken Sie zum Abendessen? ……………………

11 Ich nehme … 8

a Ergänzen Sie *der*, *die* oder *das*.

1 [K] Entschuldigung. Was kostet .... Butter?
[V] .... kostet 1,99 €.

2 [ ] Ich nehme die Pilze für 2,50 € und noch .... Bananen.
[ ] .... sind im Angebot. 1 € das Kilo.

3 [ ] .... Brot ist sehr gut. Probieren Sie es. Möchten Sie?
[ ] O ja, ... schmeckt gut. Bitte ein Pfund.

4 [ ] Schatz, wie viel kostet .... Tee?
[ ] .... kostet 1,29 €. Nimm bitte das nächste Mal deine Brille mit.

b Lesen Sie die Dialoge noch einmal. Wer spricht?
Ergänzen Sie K (Kundin/Kunde) und V (Verkäuferin/Verkäufer).

12 *Ich möchte* und *ich mag* 9

a Welche Antwort passt? Ordnen Sie zu.

Magst du Tee?	Ja, gern.
Möchtest du Kaffee?	Nein, ich möchte Nudeln.
Mögt ihr Kartoffeln?	Ja, ich trinke gern Tee.
Möchten Sie Reis?	Nein, wir mögen nur Reis und Brot.

b Und Sie? Was mögen Sie und was möchten Sie jetzt? Schreiben Sie.

....

....

13 Verben

Ergänzen Sie die Tabelle.

	fragen	geben	mögen	sehen	sein
ich			*mag*		
du		*gibst*		*siehst*	
er/sie/es					
wir			*mögen*		
ihr	*fragt*				
sie/Sie		*geben*			*sind*

Lernwortschatz

Einkaufen

der Einkaufszettel, die Einkaufszettel
der Kunde/die Kundin, die Kunden/die Kundinnen
der Markt, die Märkte
der Obst- und Gemüseladen, die Obst- und Gemüseläden
der Supermarkt, die Supermärkte
der Verkäufer/die Verkäuferin, die Verkäufer/die Verkäuferinnen

Verben

essen
kaufen
kosten
mögen
nehmen
trinken

Obst

der Apfel, die Äpfel
...

Welche Lebensmittel gibt es noch? Schreiben Sie.

Gemüse

die Gurke, die Gurken
...

Milchprodukte

die Butter, –
...

Andere Lebensmittel

das Brot, die Brote
...

Getränke

das Wasser, –
...

Verpackungen

der Becher, die Becher *ein Becher Joghurt*
die Dose, die Dosen
das Glas, die Gläser
die Packung, die Packungen

Was kauft man in diesen Verpackungen?

1 Der Tag

Ergänzen Sie.

1 morgens *der Morgen*
2 vormittags ……………
3 mittags ……………
4 nachmittags ……………
5 abends ……………
6 nachts ……………

2 Was macht Rabia wann?

a Schreiben Sie. Welche Uhrzeit passt?

frühstücken	7.30 Uhr
Hausaufgaben machen	8.00 Uhr
kochen	13.15 Uhr
Musik hören	15.00 Uhr
schlafen	17.30 Uhr
Tee trinken	20.10 Uhr
zum Unterricht gehen	22.45 Uhr

1 *Rabia frühstückt morgens um halb acht.*
2 ……………
3 ……………
4 ……………
5 ……………
6 ……………
7 ……………

b Was machen Sie morgens, mittags und abends?

1 ……………
2 ……………
3 ……………

3 Trennbare Verben 1

a Ergänzen Sie die Tabelle.

	aufstehen	einkaufen	fernsehen
ich	*stehe auf*		
du			
er/sie/es			
wir			
ihr			
sie/Sie			

b Schreiben Sie Sätze. 2

1 Hatice | morgens | einkaufen | .

Hatice kauft morgens ein.

2 Murat | am Samstag | spät | aufstehen | .

……………………

3 mittags | Er | im Supermarkt | Lebensmittel | einkaufen | .

……………………

4 abends | Er und Hatice | fernsehen | .

……………………

4 Ergänzen Sie die Verbformen. 3

schlafen: Abas, …………… du am Wochenende gern lang?

Ja, ich …………… immer bis 10 Uhr. Und wie lange …………… ihr am Wochenende?

sprechen: Tatjana und Oleg, welche Sprachen …………… ihr?

Wir …………… Deutsch und Russisch. Und du, Anja, …………… du auch Russisch?

lesen: …………… du gern, Tim?

Ja, klar. Ich …………… gern und höre gern Musik.

essen: …………… Sie mittags zu Hause?

Ja, ich …………… zu Hause. Ich arbeite abends.

5 Was macht Stefan am Samstag? 3

Hören Sie und kreuzen Sie an. 69

- [ ] arbeiten
- [ ] einkaufen
- [ ] kochen
- [ ] putzen
- [ ] fernsehen
- [ ] Fußball spielen
- [ ] Deutsch lernen
- [ ] ein Computerspiel machen
- [ ] Sport machen

6 Wie spät ist es? 4

a Schreiben Sie die Uhrzeiten.

1 *Es ist fünf nach acht.*

Es ist acht Uhr fünf.

Es ist zwanzig Uhr fünf.

2 ...

3 ...

4 ...

5 ...

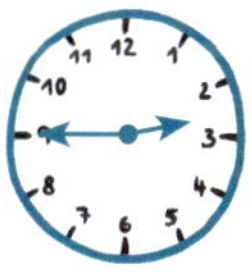

6 ...

7 ...

8 ...

9 ...

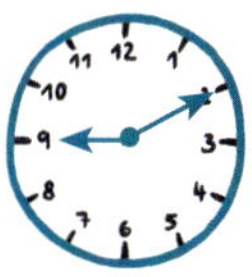

b Hören Sie zur Kontrolle und sprechen Sie nach. 70

c Wie spät ist es? Kreuzen Sie an.

1 

a ☐ Es ist halb vier.
b ☐ Es ist halb fünf.

2 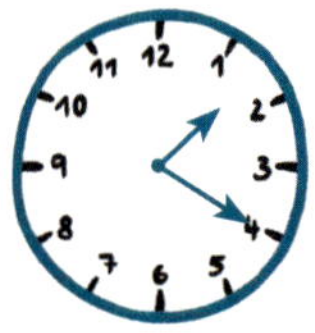

a ☐ Es ist zwanzig vor eins.
b ☐ Es ist zwanzig nach eins.

3 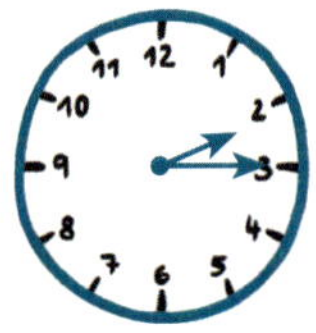

a ☐ Es ist Viertel vor zwei.
b ☐ Es ist Viertel nach zwei.

7 Uhrzeiten 5

71

Hören Sie die Dialoge und kreuzen Sie an.

1 Wie spät ist es jetzt?
a ☐ Es ist 11 Uhr.
b ☐ Es ist 11.30 Uhr.
c ☐ Es ist 12.30 Uhr.

2 Wann beginnt der Kurs?
a ☐ Um 9.15 Uhr.
b ☐ Um 8.45 Uhr.
c ☐ Um 9 Uhr.

8 Fragewörter 6

a Wie heißen die Fragen? Was passt?

1 Wer — b
2 Wo
3 Woher
4 Wie
5 Was
6 Wie viele
7 Wann
8 Von wann

a bis wann arbeitest du?
b ist heute im Kurs?
c beginnt der Kurs?
d heißen Sie?
e machst du gern?
f Kinder haben Sie?
g wohnen Sie?
h kommst du?

b Schreiben Sie die Fragen auf und antworten Sie.

1. Wer ist heute im Kurs? Ich bin heute im Kurs.
2. ...

9 Öffnungszeiten 6

Kreuzen Sie an: richtig oder falsch?

Beispiel: Am Bahnhof

> **Wir renovieren.**
>
> Dieser Eingang ist geschlossen.
> Bitte benutzen Sie den Haupteingang.

	✓	✗
Der Bahnhof ist geschlossen.	☐	☒

1 Am Büro in der Volkshochschule

> ***Volkshochschule***
>
> ***Öffnungszeiten***
>
> 9 – 12 Uhr
> mittwochs geschlossen

	✓	✗
Die Volkshochschule ist nachmittags geschlossen.	☐	☐

2 Vor dem Supermarkt

> **ASIA SUPERMARKT**
>
> Öffnungszeiten:
>
> Mo. – Fr. 9 – 20 Uhr
> Sa. 9 – 14 Uhr

	✓	✗
Am Wochenende ist der Supermarkt geschlossen.	☐	☐

10 Am Montag ... 7

Schreiben Sie den Text richtig.

ammontagsteheichimmerfrühaufichfrühstückenichtichhabekeinezeitichtrinkenurkaffeeumhalbsiebenbeginntmeinearbeitumhalbzehnhabeichpausedannesseicheinbrötchen

11 Mein Tag 6

Schauen Sie Aufgabe 6 im Kursbuch noch einmal an. Kreuzen Sie an: richtig oder falsch?

		✓	✗
1	Karim hat von 9.20 Uhr bis 12.30 Uhr einen Deutschkurs.	☐	☐
2	Karim arbeitet abends.	☐	☐
3	Ella macht eine halbe Stunde Mittagspause.	☐	☐
4	Laura arbeitet nachmittags.	☐	☐

12 Wann? Wie oft? 7

Schreiben Sie die Sätze anders und markieren Sie die Zeitangaben.

1 Anja trinkt morgens immer Kaffee.

Morgens trinkt Anja immer Kaffee.

2 Alina sieht am Wochenende immer Filme auf Deutsch.

Am Wochenende

3 Paul spielt am Sonntag gern Fußball.

4 Lara geht abends früh ins Bett.

13 Mein Samstag 8

Schreiben Sie über sich. Benutzen Sie Wörter aus den Kästen.

Was? aufstehen | frühstücken | essen | trinken | arbeiten | lesen | Musik hören | fernsehen | lernen | arbeiten | schlafen | kochen | Fußball spielen | Sport machen | spazieren gehen | ...

Wann? um ... Uhr | von ... bis

Wie oft? immer | manchmal | oft | nie

Am Samstag ...

14 Keine Zeit! 9

a Ordnen Sie den Dialog.

Laura:

- [1] Hallo Stefan! Hast du am Samstag Zeit? Wir grillen.
- [ ] Und am Sonntag?
- [ ] Ich weiß nicht.
- [ ] Super, dann bis Sonntag.

Stefan:

- [ ] Ja, Sonntag ist gut. Kommt Ana auch?
- [ ] Bis Sonntag.
- [ ] Ich rufe sie an und frage sie.
- [ ] Nein, ich habe keine Zeit. Am Samstag arbeite ich.

b Hören Sie zur Kontrolle und sprechen Sie nach. 72

c Schreiben Sie einen Dialog wie in a.

▶ Zeit? ▷ Wann?

▶ Sonntag? ▷ Was machen?

▶ spazieren gehen, 10 Uhr ▷ Nein, keine Zeit. Aber nachmittags? Um 15 Uhr?

▶ Ja, super. Dann bis Sonntag, 15 Uhr. ▷ Bis Sonntag, tschüss.

Lernwortschatz

Schreiben Sie Fragen mit den Wörtern.

Der Tag

der Morgen, morgens
der Vormittag, vormittags
der Mittag, mittags
der Nachmittag, nachmittags
der Abend, abends *Wann gehst du abends ins Bett?*
die Nacht, nachts

Die Uhrzeit

Wie spät ist es?/Wie viel Uhr ist es?
Viertel vor
Viertel nach
zehn vor
zehn nach
halb

Öffnungszeiten

geöffnet
geschlossen
Wann? am ... um ...
Von wann bis wann? von ... bis ...

Mein Tag

Malen Sie ein Bild zu den Aktivitäten.

anrufen
aufstehen
ins Bett gehen
ein Computerspiel spielen/machen
einkaufen
fernsehen
der Fernseher 
einen Film sehen
frühstücken/Frühstück machen
Fußball spielen
kochen
müde sein
eine Pause machen
putzen
spazieren gehen
das Spiel
Sport machen
schlafen
Zeit haben
leider
gern/nicht gern

Wie oft?

immer – oft – manchmal – nie

1 Welches Verb passt zu welchem Zimmer? 1

Ordnen Sie zu. Manche Verben passen zu mehreren Zimmern.

~~arbeiten~~ | backen | baden | duschen | essen | fernsehen | kochen | lesen | putzen | schlafen | ~~spielen~~

1 das Arbeitszimmer → *arbeiten*
2 das Wohnzimmer → ……
3 das Esszimmer → ……
4 das Bad/das Badezimmer → ……
5 die Küche → ……
6 das Kinderzimmer → *spielen*
7 das Schlafzimmer → ……

2 Welche Zahlen hören Sie? 2

a Hören Sie und kreuzen Sie an. 73

1		2		3		4	
a	☐ 330	a	☐ 765	a	☐ 5454	a	☐ 1999
b	☐ 333	b	☐ 756	b	☐ 4554	b	☐ 1989
c	☐ 313	c	☐ 757	c	☐ 5455	c	☐ 1899

b Hören Sie und schreiben Sie. 74

1 *sechstausendfünfundvierzig*, 3 ……,
2 ……, 4 …….

3 Wohnungssuche 3

Ilya Sorokin sucht eine neue Wohnung. Ilya ist verheiratet und hat eine Tochter. Er arbeitet in einer Firma in der Innenstadt und hat kein Auto. Seine Frau Alla und seine Tochter Julia kommen im August nach Deutschland. Die Zwei-Zimmer-Wohnung ist zu klein und liegt in der Südstadt. Er sucht eine Drei- bis Vier-Zimmer-Wohnung mit Küche, Bad, vielleicht auch Balkon, in der Innenstadt. Die neue Wohnung soll 100 m² haben. Mehr als 1.000 € warm kann Ilya nicht zahlen. Die Telefonnummer lautet: 0166 131415; E-Mail: isorokin@gmx.it

a Schreiben Sie eine Nachricht für ihn.

Hallo Leute,

wir suchen eine größere Wohnung in der Innenstadt mit etwa ……1…… Quadratmetern. Wir sind ……2…… Personen und brauchen ……3…… Zimmer mit Küche und Bad. Gerne auch mit ……4……! Wir können maximal ……5…… Miete zahlen. Habt Ihr einen Tipp für uns? Gebt gerne meine E-Mail-Adresse weiter: ……6……. Oder meine Handynummer: ……7……. Danke!

Viele Grüße Ilya

b Ilya liest die Wohnungsanzeigen im Internet. Welche Anzeige passt? Kreuzen Sie an.

www.wohnungsmarkt.de

a Schöne Neubauwohnung in der Stadtmitte, 2 Zimmer + Küche u. Bad, 2.OG (mit Aufzug), 500 € + 150 € NK, 2 Monatsmieten Kaution, frei ab 01.09. immo@heimann.immo.de

b 3-Zimmer-Wohnung mit Balkon im Stadtzentrum, 3 Zimmer + Küche, Bad und Gäste-WC, 1. OG, 98qm, 800 € + 190 € NK, ab 01.08. Tel: 0199 34567

c Haus am Stadtrand, 150qm, großer Garten (600qm) + Garage, 1.250,00 € + 210,00 € NK. Foster Immobilien: foster@fosterimmo.de

d Altbauwohnung nahe Universität von privat, 4 Zimmer + Küche, Bad und Balkon, 105qm. 900 € + 150 € NK, 2 Monatsmieten Kaution, frei ab Januar. Altbautraum@web.de

4 OG, EG, DG? 4

a Was bedeuten die Abkürzungen? Schreiben Sie.

EG = *Erdgeschoss* OG = *Ober ...* DG = ...

NK = ... m²/qm = ...

b Schreiben Sie eine Anzeige wie im Beispiel in Ihr Heft.

1 Zimmer, DG, 200 €, 70 € NK,
3 Monatsmieten Kaution, ab 1.1.,
Tel.: 069 22332244

Beispiel:
Ich vermiete ab dem 1.1. eine Einzimmerwohnung im Dachgeschoss ohne Badezimmer für 200 €.
Die Nebenkosten sind 70 €.
Ich möchte drei Monatsmieten Kaution.
Meine Telefonnummer ist 069 22332244.

Ich vermiete eine 150 Quadratmeter große Altbauwohnung. Sie hat vier Zimmer, ein Bad, eine Küche und einen Balkon.
Die Wohnung ist ab dem 15.2. frei und kostet 1000 € ohne Nebenkosten.
Meine Telefonnummer ist 06131 5525289.

5 Gegenteile 5

a Kennen Sie die Gegenteile? Ordnen Sie zu.

1	breit	a	alt
2	gemütlich	b	günstig
3	groß	c	dunkel
4	hell	d	hässlich
5	laut	e	klein
6	neu	f	ruhig
7	schön	g	schmal
8	teuer	h	ungemütlich

b Schreiben Sie.

1 Das Wohnzimmer ist nicht gemütlich. *Das Wohnzimmer ist ungemütlich.*

2 Der Balkon ist nicht breit. ……………

3 Die Küche ist nicht klein. ……………

4 Der Keller ist nicht hell. ……………

5 Die Straße ist nicht leise. ……………

6 Die Wohnung ist nicht neu. ……………

7 Das Bad ist nicht schön. ……………

8 Die Wohnung ist nicht günstig. ……………

6 Ilyas Wohnung 6

Ergänzen Sie *mein, meine, dein, deine, ein, eine, einen*. Hören Sie danach zur Kontrolle. 75

Ilya: Hallo Elena, wie geht's?

Elena: Hallo Ilya, danke, gut und dir?

Ilya: Ja, prima, ich habe *eine* neue Wohnung!

Elena: Das ist toll. Wie viele Zimmer hat ……1…… Wohnung?

Ilya: Ich habe jetzt drei Zimmer, ……2…… Wohnzimmer, ……3…… Schlafzimmer und ……4…… Kinderzimmer für Julia.

Elena: Bad und Küche?

Ilya: Ja, die Wohnung hat ……5…… große Küche, ……6…… schmalen Flur, ……7…… helles Bad, ……8…… kleine Gästetoilette und ……9…… breiten Balkon.

Elena: Das ist ja super. Und wie groß ist ……10…… neue Wohnung? ……11…… hat ja nur 65 qm und zwei Zimmer.

Ilya: Also, ……12…… neue Wohnung hat 95 qm und ist sehr hell.

Elena: Und wie groß ist ……13…… Küche?

Ilya: ……14…… Küche ist 18 qm groß. Elena, ich habe ……15…… Frage.

Elena: Ja, bitte?

Ilya: Ich suche Bilder für ……16…… Wohnung. Hast du ……17…… Idee? Im August kommt ……18…… Familie aus Italien.

Elena: Ja, ich kenne ein Geschäft. Da gibt es schöne und günstige Bilder. Das Geschäft ist in der Gartenfeldstraße 33, neben dem Parkhaus. Aber jetzt muss ich weiter, Ilya. Viel Erfolg!

Ilya: Danke, ich gehe mal hin. Tschüs, bis bald.

7 Wie ist die Wohnung? 6

a Ersetzen Sie die Nomen durch die Personalpronomen.

1 Wie ist die Wohnung? *Sie* ist groß und billig.
2 Wie ist das Haus? .... ist neu und schön.
3 Wie ist die Straße? .... ist schmal und ruhig.
4 Wie sind die Zimmer? .... sind hell und gemütlich.
5 Wie ist der Keller? .... ist dunkel und klein.

b Elena hat eine neue Wohnung. Sehen Sie sich den Grundriss und die Notizen an. Wie ist die Wohnung? Schreiben Sie Fragen und Antworten.

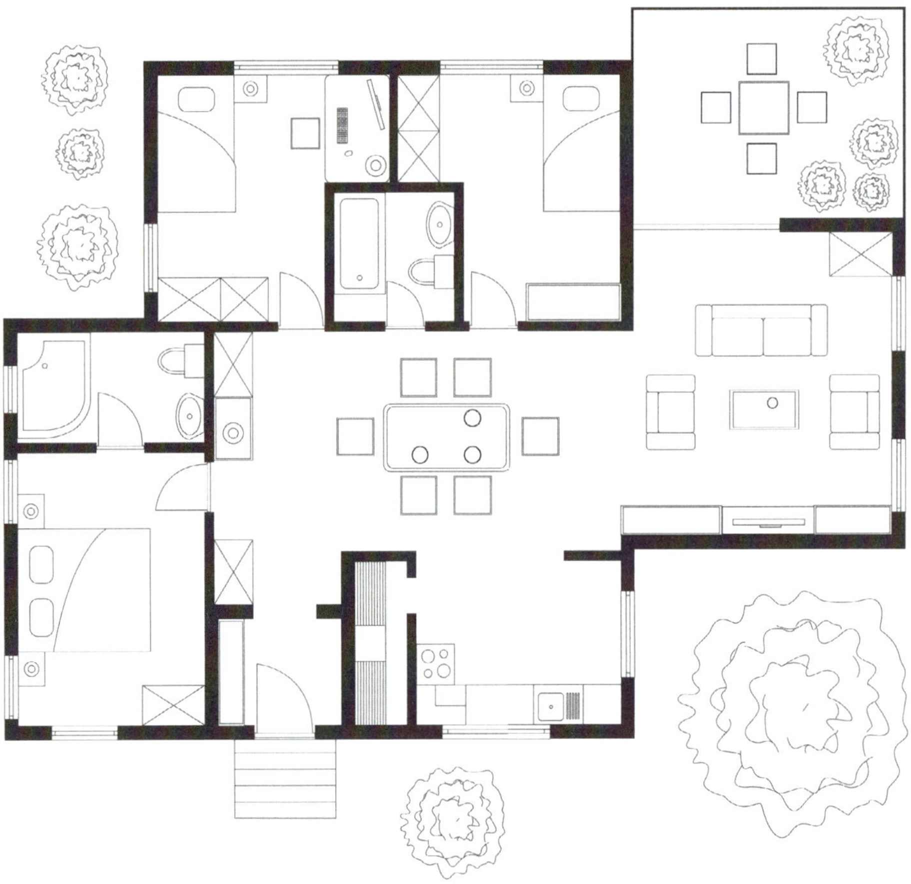

der Grundriss

1 Bad, klein und dunkel
2 Balkon, groß
3 Wohnzimmer, groß und hell
4 Küche, neu und hell
5 Schlafzimmer, gemütlich
6 Flur, eng und alt

1 *Wie ist das Bad? Es ist klein und dunkel.*
2 ....
3 ....
4 ....
5 ....
6 ....

8 *Ein, dein, der, Ihr, mein* 7

a Ergänzen Sie die Tabelle.

bestimmter Artikel	unbestimmter Artikel	Possessiv-artikel *ich*	Possessiv-artikel *du*	Possessiv-artikel *Sie*
der Balkon	**ein** Balkon	**mein** Balkon		**Ihr** Balkon
die Küche			**deine** Küche	
das Bad		**mein** Bad		
die Zimmer	**---** Zimmer	**meine** Zimmer		

b Welche Fragen und Antworten passen? Ordnen Sie zu.

1 Ist Ihr Balkon groß?
2 Ist Ihre Wohnung teuer?
3 Was ist Ihr Lieblingszimmer?
4 Was machen Sie da?
5 Ist Ihre Küche groß?
6 Wie ist Ihr Wohnzimmer?
7 Wie viele Quadratmeter hat Ihre Wohnung?
8 Wie viele Zimmer hat Ihre Wohnung?

a Nein, er ist leider klein.
b Sie hat zwei Zimmer, eine Küche und ein Bad.
c Sie hat 55 m^2.
d Ja, sie ist groß. Wir haben einen Esstisch da.
e Das Wohnzimmer.
f Es ist schön.
g Nein, sie kostet nur 200 € kalt.
h Fernsehen und wir spielen auch Spiele.

c Hören Sie danach zur Kontrolle. 76

d Schreiben Sie die Fragen in der *du*-Form.

1 *Ist dein Balkon groß?*
2
3
4
5
6
7
8

9 Möbel und Haushaltsgeräte 8

a Was steht in welchem Zimmer? Schreiben Sie auch die Artikel.

Bett | Tisch | Kleiderschrank | Sofa | Waschmaschine | Stühle | Fernseher | Sessel | Spülmaschine | Küchenschrank | Kaffeemaschine | Spielkiste | Schreibtisch | Computer

Wohnzimmer	Schlafzimmer	Kinderzimmer	Küche	Bad
		das Bett		

b Welche Möbel und Haushaltsgeräte kennen Sie noch? Ergänzen Sie die Tabelle. Schreiben Sie auch die Artikel dazu.

10 Wörter kombinieren 8

Welche Wörter passen zusammen?

Kaffee		....
Kleider	Maschine	....
Küche	Schrank	....
Liebling	Tisch	....
schreiben	Zimmer	....
spülen		....
waschen		....

waschen + die Maschine = die Waschmaschine
spielen + die Kiste = die Spielkiste
die Kleider + der Schrank = der Kleiderschrank
die Küche + der Schrank = der Küchenschrank

11 Bestimmte und unbestimmte Artikel 8

77 **a** Ergänzen Sie die bestimmten und unbestimmten Artikel im Nominativ. Hören Sie dann zur Kontrolle.

1 A Eine Kaffeemaschine ist praktisch.
B Gefällt dir die Kaffeemaschine?
A Ja, ... Kaffeemaschine ist schön.

2 A .... Kleiderschrank in meiner Wohnung ist kaputt.
.... Kleiderschrank hier ist groß und schön.
Wie viel kostet .... Kleiderschrank?
B .... Schrank kostet nur 149 €.

3 A .... Kinderbett ist zu klein für meine Tochter.
B Gefällt dir .... Bett hier?

Verben mit Nominativ
gefallen, kosten, sein ...

der Schrank	ein Schrank
die Maschine	eine Maschine
das Bett	ein Bett
die Stühle	--- Stühle

b Ergänzen Sie die bestimmten und unbestimmten Artikel im Akkusativ. Hören Sie dann zur Kontrolle. 78

1 A Ich brauche .... Tisch.
B Schau mal, willst du .... Tisch?

Verben mit Akkusativ
brauchen, kaufen, nehmen, wollen ...

2 A Ich kaufe .... Lampe.
B Aber du hast doch .... Lampe.
Du brauchst k............ Lampe.

3 A Schau mal, du brauchst doch .... Stühle.
Gefallen dir die Stühle?
B .... Stühle möchte ich nicht.

den Tisch	**einen** Tisch
die Lampe	**eine** Lampe
das Sofa	**ein** Sofa
die Stühle	**---** Stühle

4 A Ich möchte .... Sofa. M............ Sofa ist alt.
B Nimm .... Sofa. .... Sofa ist schön und nicht teuer.

12 Im Möbelhaus 9

Wo findet Ilya was? Unterstreichen Sie:

1 eine Kaffeemaschine? Erdgeschoss, 1. Obergeschoss, 2. Obergeschoss, 3. Obergeschoss
2 eine Spielkiste? Erdgeschoss, 1. Obergeschoss, 2. Obergeschoss, 3. Obergeschoss
3 ein Kinderbett? Erdgeschoss, 1. Obergeschoss, 2. Obergeschoss, 3. Obergeschoss
4 einen Teppich? Erdgeschoss, 1. Obergeschoss, 2. Obergeschoss, 3. Obergeschoss
5 ein Restaurant? Erdgeschoss, 1. Obergeschoss, 2. Obergeschoss, 3. Obergeschoss
6 Regale? Erdgeschoss, 1. Obergeschoss, 2. Obergeschoss, 3. Obergeschoss

	MÖBELHAUS SCHÖNINGER
3. OG	Computer, TV, Radio, CD, DVD, Video, Foto, Restaurant, Kundentoilette
2. OG	Alles für die Küche: Spülmaschinen, Kaffeemaschinen, Waschmaschinen, Herd, Küchenmöbel, Teller, Tassen, Besteck
1. OG	Betten, Matratzen, Kleiderschränke, Kinderbetten, Gardinen, Teppiche, alles für das Arbeitszimmer: Schreibtische, Bürostühle
EG	Erdgeschoss: Sofas, Sessel, Tische, Decken, Lampen, Spielkisten, Regale

Lernwortschatz

Schreiben Sie Sätze über Ihre Wohnung.

Räume

das Arbeitszimmer
das Bad
der Balkon
der Flur
die Küche
das Schlafzimmer
das Wohnzimmer

Möbel und Einrichtung

die Badewanne
die Dusche
das Bett, Betten
das Regal, Regale
der Schrank, Schränke
der Sessel, Sessel — *Ich habe einen Sessel. Er ist sehr gemütlich.*
das Sofa, Sofas
der Stuhl, Stühle
der Teppich, Teppiche
der Tisch, Tische

Haushaltsgeräte

Suchen Sie die Artikel.

...... Fernseher
...... Herd
...... Kaffeemaschine
...... Kühlschrank
...... Spülmaschine
...... Waschmaschine

Mieten

die Anzeige
kalt – warm
die Kaution
die Miete
die Nebenkosten

Adjektive

breit – schmal
gemütlich – ungemütlich
hell – dunkel
laut – ruhig
schön – hässlich
teuer – billig

Tests

- Mit den Zwischentests zu den Lektionen 1–3 und 4–6 können Sie kontrollieren, wie viel Sie dazugelernt haben. Außerdem bereiten die Zwischentests Sie schrittweise auf den Übungstest *Start Deutsch 1 / telc Deutsch A1* vor.
- Bitte markieren Sie die richtige Antwort so:

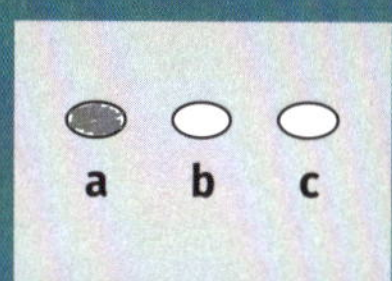

- Auch im Test *Start Deutsch 1 / telc Deutsch A1* müssen Sie den Antwortbogen so ausfüllen.

Hören

TIPP

Hören Sie genau zu:
Hausnummer, Buchstaben, Land!

79 Markieren Sie: a, b oder c.
Sie hören jeden Text zweimal.

1 Welche Hausnummer hat Amir?

a 23 **b** 30 **c** 32

◯ a ◯ b ◯ c

2 Wie ist der Nachname?

a Schmid **b** Schmidt **c** Schmitt

◯ a ◯ b ◯ c

3 Woher kommt die Frau?

a aus Deutschland **b** aus Rumänien **c** aus dem Sudan

◯ a ◯ b ◯ c

Lesen

Lesen Sie: Wer ist Samare Meyer?

Mein Name ist Samare Meyer und ich bin 34 Jahre alt. Ich komme aus dem Iran und wohne in Deutschland, in Erfurt. Ich bin verheiratet und habe zwei Kinder. Meine Tochter heißt Yasmin und mein Sohn heißt Sam. Mein Mann ist aus Deutschland und heißt Peter Meyer.

Mein Vater und meine Mutter leben im Iran. Mein Bruder wohnt auch in Deutschland und meine Schwester lebt in Frankreich. Mein Bruder ist geschieden und meine Schwester ist ledig.

Ich spreche Persisch, Deutsch und ein kleines bisschen Arabisch. Meine Kinder verstehen Persisch, aber sie sprechen nicht gut.

Sind die Aussagen 4–9 richtig (+) oder falsch (–)?

4 Samare ist dreiundvierzig Jahre alt.

◯ + ◯ –

5 Sie kommt aus dem Iran.

◯ + ◯ –

6 Sie hat keinen Sohn.

◯ + ◯ –

7 Ihre Eltern leben in Deutschland.

◯ + ◯ –

8 Ihre Schwester ist nicht verheiratet.

◯ + ◯ –

9 Samare spricht sehr gut Arabisch.

◯ + ◯ –

Schreiben

Lesen Sie *Wer ist Samare Meyer?* noch einmal.
Schreiben Sie die fehlenden Informationen in das Formular.

TIPP

Unterstreichen Sie im Text!

	Anmeldung:	
Nachname:	***Meyer***	**0**
Vorname:	________	**1**
Alter:	________	**2**
Heimatland:	________	**3**
Wohnort:	________, ***Deutschland***	**4**
Familienstand:	________	**5**
Kinder:	Ja ☐ Nein ☐	**6**
Sprachen:	***Persisch,*** ________, ***Arabisch***	**7**

Sprechen

Stellen Sie sich vor.

Wer sind Sie?

Buchstabieren Sie.

Sind Sie verheiratet?

Haben Sie Kinder?

Woher kommen Sie?

Wo wohnen Sie?

Wie ist Ihre Postleitzahl?

Welche Sprachen sprechen Sie?

Was ist Ihre Muttersprache?

Hören

80 Markieren Sie: a, b oder c. Sie hören jeden Text zweimal.

1 Wie viel kosten Äpfel im Angebot?

a 

b 

c 

○ a ○ b ○ c

2 Was kauft Gabriel?

a Brot **b** Lammfleisch **c** Milch

○ a ○ b ○ c

Lesen, Teil 1

Lesen Sie die Aufgabe und die Anzeigen. Welche Anzeige passt, a oder b?

3 Sie suchen eine neue Wohnung. Sie möchten zwei Zimmer.

○ a ○ b

a

Stadtzentrum:
Ein-Zimmer-Wohnung im Dachgeschoss, möbliert.
26 m², Küche, Bad. 390 € kalt.
Zwei Monatsmieten Kaution.
Frei ab sofort.
E-Mail: wohnen@gnx.de

b

Wohnung im ersten Stock,
2 Zimmer, Küche u. Bad,
45 qm, hell, 590 € kalt.
Kaution: 3 Monatsmieten.
Sofort frei.
Tel.: 030 1234567

TIPP

Lesen Sie genau:
Wo ist Jan bis wann?
Wann kann Jan spielen?

Lesen, Teil 2

Lesen Sie die E-Mail und die Aussagen. Markieren Sie: richtig (+) oder falsch (–)?

An
Von jan@gnx.com
Betreff

Hallo…,
was machst du morgen am Nachmittag? Ich habe bis 14.30 Uhr Deutschkurs. Dann gehe ich in den Supermarkt einkaufen. Ich bin um 15 Uhr zu Hause. Magst du ein Computerspiel spielen? Am Abend mache ich Sport.

Dein Jan

4 Jan ist bis drei Uhr im Deutschkurs. ○ + ○ –

5 Jan kann am Nachmittag Computer spielen. ○ + ○ –

Schreiben

Schreiben Sie Jan eine Antwort.

- Sie kommen.
- Etwas mitbringen?
- Jemanden mitbringen?
- Wie lange?

Schreiben Sie zu jedem Punkt ein bis zwei Sätze.

An	jan@gnx.com
Von	
Betreff	Computer spielen

Hallo Jan,

vielen Dank .... Ich ....

....

....

....

Viele Grüße

Deine/Dein ....

Sprechen

Lesen Sie das Wort.
Fragen Sie Ihre Partnerin/Ihren Partner:

Frühstückst du/Frühstücken Sie **immer/oft/manchmal/nie**?
oder **wann** ...?
oder **was** ...?
oder **wo** ...?

Nun fragt Ihre Partnerin/Ihr Partner.
Antworten Sie.

Anhang

Im Anhang können Sie noch einmal nachlesen:

- die wichtigste neue Grammatik kurz zusammengefasst
- wichtige Redemittel aus den Lektionen

1 Wortarten

	Beispiel
Verb	haben, heißen, sein, kommen, wohnen, leben
trennbares Verb	aus|sehen, fern|sehen, ein|kaufen
Nomen (= Substantiv)	Tisch, Lehrerin, Buch
Pronomen	sie, Sie und sie
Possessivartikel	mein, dein, sein, ihr
bestimmter Artikel	der, die, das
unbestimmter Artikel	ein, eine
Adjektiv	groß, schön, alt, jung
Adverb	jetzt, heute, oft, nie
Konjunktion	und, aber, dann, oder
Präposition	mit, nach, aus, zu
Fragewort	was, wo, woher, wie

Aussage **.**
Frage **?**

2 Aussage und Frage

Aussage Verb Position 2			**W-Frage** Verb Position 2			**Ja-/Nein-Frage** Verb Position 1		
Ich	bin	Paula Kruse.	Wie	heißt	du?	Sprichst	du	Deutsch?
Yasemin	spricht	Türkisch.	Woher	kommst	du?	Kommen	Sie	aus der Ukraine?
Mein Name	ist	Alex.	Wer	ist	das?	Sind	Sie	Herr Meyer?
Ich	spiele	gern Fußball.	Wie viel	kostet	das?			

3 Verben

Konjugation im Präsens

Verb = Verbstamm + Endung	machen = mach + en
Verb = trennbare Vorsilbe + Verbstamm + Endung	aussehen = aus + seh + en
Verb = untrennbare Vorsilbe + Verbstamm + Endung	verstehen = versteh + en

Endungen:

ich -e
du -st
er/sie/es -t

wir -en
ihr -t
sie/Sie -en

	kommen	machen	brauchen	schreiben
ich	komme	mache	brauche	schreibe
du	kommst	machst	brauchst	schreibst
er/sie/es	kommt	macht	braucht	schreibt
wir	kommen	machen	brauchen	schreiben
ihr	kommt	macht	braucht	schreibt
sie/Sie	kommen	machen	brauchen	schreiben

Auch so:

backen, beginnen, beschreiben, erklären, fragen, frühstücken, gehen, grillen, gucken, hören, kaufen, kennen, kochen, leben, lernen, malen, packen, pflegen, rauchen, singen, spielen, stehen, streichen, suchen, trinken, verdienen, verstehen, wohnen, zeigen.

	haben	sein	mögen	möchten
ich	habe	**bin**	**mag**	möchte
du	**hast**	**bist**	**magst**	möcht**e**st
er/sie/es	**hat**	**ist**	**mag**	möcht**e**
wir	haben	**sind**	mögen	möchten
ihr	habt	**seid**	mögt	möcht**e**t
sie/Sie	haben	**sind**	mögen	möchten

Verbstamm auf -s, -ß, -z, -tz

	heißen	tanzen
ich	heiße	tanze
du	heiß**t**	tanz**t**
er/sie/es	heißt	tanzt
wir	heißen	tanzen
ihr	heißt	tanzt
sie/Sie	heißen	tanzen

Auch so: passen, putzen.

Verbstamm auf -t, -d, -tm, -chn, -ffn

	arbeiten	finden
ich	arbeite	finde
du	arbeit**e**st	find**e**st
er/sie/es	arbeit**e**t	find**e**t
wir	arbeiten	finden
ihr	arbeit**e**t	find**e**t
sie/Sie	arbeiten	finden

Auch so: antworten, baden, berichten, kosten, öffnen, rechnen, unterrichten, warten, zeichnen.

Verbstamm auf -eln

	klingeln	sammeln
ich	kling**le**	samm**le**
du	klingelst	sammelst
er/sie/es	klingelt	sammelt
wir	klingel**n**	sammel**n**
ihr	klingelt	sammelt
sie/Sie	klingel**n**	sammel**n**

Verben mit Vokalwechsel

bei einigen Verben ändert sich der Vokal in der 2. und 3. Person Singular (*du* und *er/sie/es*)

e → i	sprechen	nehmen	essen	geben	helfen
ich	spreche	nehme	esse	gebe	helfe
du	spr**i**chst	n**imm**st	**i**sst	g**i**bst	h**i**lfst
er/sie/es	spr**i**cht	n**imm**t	**i**sst	g**i**bt	h**i**lft
wir	sprechen	nehmen	essen	geben	helfen
ihr	sprecht	nehmt	esst	gebt	helft
sie/Sie	sprechen	nehmen	essen	geben	helfen

e → ie	lesen	sehen
ich	lese	sehe
du	l**ie**st	s**ie**hst
er/sie/es	l**ie**st	s**ie**ht
wir	lesen	sehen
ihr	lest	seht
sie/Sie	lesen	sehen

a → ä	schlafen	fahren
ich	schlafe	fahre
du	schl**ä**fst	f**ä**hrst
er/sie/es	schl**ä**ft	f**ä**hrt
wir	schlafen	fahren
ihr	schlaft	fahrt
sie/Sie	schlafen	fahren

Trennbare Verben

	aufstehen	einkaufen	anrufen
ich	stehe auf	kaufe ein	rufe an
du	stehst auf	kaufst ein	rufst an
er/sie/es	steht auf	kauft ein	ruft an
wir	stehen auf	kaufen ein	rufen an
ihr	steht auf	kauft ein	ruft an
sie/Sie	stehen auf	kaufen ein	rufen an

Aussage:

Er	kauft im Supermarkt	ein.
Ich	rufe meine Freundin	an.
Wir	stehen morgens sehr früh	auf.

Frage:

Wann	stehst du	auf?
	Kaufst du heute	ein?
	Rufst du mich morgen	an?

Auch so: anmelden, anrufen, aufhängen, aufmachen, aufräumen, aufstehen, aussteigen, fernsehen, nachfragen, umsteigen, umtauschen, vorstellen.

4 Nomen und Artikel

Bestimmter und unbestimmter Artikel

bestimmter Artikel	unbestimmter Artikel
der Bleistift	ein Bleistift
die Tasche	eine Tasche
das Buch	ein Buch
die Packungen	--- Packungen (kein Artikel im Plural)

Bestimmter und unbestimmter Artikel im Nominativ und Akkusativ

Nominativ	Akkusativ
der/ein Becher	den/einen Becher
die/eine Dose	die/eine Dose
das/ein Pfund	das/ein Pfund
die/--- Packungen	die/--- Packungen

Artikel im Singular und Plural

Singular	Plural	
der/ein Bleistift	die/---	Bleistifte
die/eine Tasche		Taschen
das/ein Buch		Bücher

Die Possessivartikel

Personalpronomen	Possessivartikel	
ich	mein	meine
du	dein	deine
sie/Sie	ihr/Ihr	ihre/Ihre

der Vater	Das ist mein Vater.
die Mutter	Hier ist meine Mutter.
das Kind	Das ist mein Kind.
die Geschwister	Das sind meine Geschwister.

Possessivartikel funktionieren wie die unbestimmten Artikel: *ein/mein, eine/meine ...*

5 Pluralformen

-e	-(e)n	-s	-er (+ Umlaut)	-- (+Umlaut)
Kekse Brote	Zwiebeln Kartoffeln Packungen	Kiwis Paprikas	Eier Gläser	Äpfel Brötchen Becher

6 Wortbildung: Komposita

die Familie	+	der **Name**	→	der Familien**name**
das Land	+	die **Karte**	→	die Land**karte**
der Kurs	+	das **Buch**	→	das Kurs**buch**
die Wörter	+	das **Buch**	→	das Wörter**buch**

7 Pronomen

Die Personalpronomen

ich
du
er/sie/es
wir
ihr
sie/Sie

Die Pronomen *er*, *sie* und *es* können für **Personen** oder **Dinge** stehen:

er:	**Der Schrank** ist groß. **Er** ist groß.
sie (Singular):	**Die Küche** ist schön. **Sie** ist schön.
es:	**Das Wetter** ist schlecht. **Es** ist schlecht.
sie (Plural):	**Die Bäume** sind grün. **Sie** sind grün.

8 Die Negation

Mit Nomen: *kein/keine*	Mit allen anderen Wortarten: *nicht*
Ich habe **keinen** Stift. Ich habe **keine** Frage. Das ist **kein** Problem.	Ich weiß **nicht**. Das ist **nicht** richtig. Der Raum ist **nicht** groß. = Der Raum ist klein.

Lektion 1

Wie heißen Sie?

Wie ist Ihr/dein Name?

Mein Name ist ...

Entschuldigung, wie heißen Sie/heißt du?

Ich heiße ... Und Sie/du?

Wer sind Sie/bist du?

Ich bin ...

Sind Sie ...?
... Ja, richtig.
... Nein, ich bin ...

Entschuldigung, wie heißt die Frau/der Mann?

Das ist Frau/Herr ...

Wer ist das?

Das ist ...

Ich weiß es nicht.

Mein Nachname ist ...

Wie bitte?

Woher kommen Sie?

Woher kommen Sie?

Ich komme aus ...

Ich wohne in ...

Ich wohne seit ... Jahren in Deutschland.

Begrüßen und Verabschieden

Hallo.

Guten Tag.

Guten Morgen.

Guten Abend.

Auf Wiedersehen.

Tschüss.

Bis morgen.

Gute Nacht.

Herzlich willkommen.

Wie geht's?

Wie geht es Ihnen/dir?

Wie geht's?
... Sehr gut, danke. Und Ihnen/dir?
... Gut, danke. Und Ihnen/dir?
... Ganz gut. Und Ihnen/dir?
... Na ja, es geht so. Und Ihnen/dir?
... Nicht so gut. Und Ihnen/dir?

Welche Sprache sprechen Sie?

Welche Sprache sprechen Sie/sprichst du?

Sprechen Sie ... ?

Ich spreche ... und (ein bisschen) ...

Sie/Er spricht ...

Nachfragen

Wo ist denn Frau/Herr ...?

Sie/Er kommt nicht.

Sie/Er ist krank.

Sie/Er ist hier.

Lektion 2

Familie

Das ist ...
... meine Frau/mein Mann.
... seine Tochter/sein Sohn.
... ihre Mutter/ihr Vater.
... meine Schwester/mein Bruder.
... ihre Schwägerin/ihr Schwager.
... unsere Schwiegertochter/unser Schwiegersohn.
... meine Schwiegermutter/mein Schwiegervater.

Das sind ...
... meine Kinder.
... seine Eltern.
... unsere Geschwister.
... ihre Schwiegereltern.

Weitere Angaben zur Familie

Ich bin verheiratet. Meine Frau/Mein Mann heißt ...

Du bist geschieden.

Haben Sie Kinder?

Ich habe ein Kind.

Wir haben zwei/drei/... Kinder.

Du hast keine Kinder.

Wie alt ist Ihre Tochter?

Wie alt ist sein Sohn?

Ihre Kinder sind ... und ... Jahre alt.

Wie viele Geschwister hast du?

Ich habe ... Geschwister.

Sie hat eine Schwester und einen Bruder.

Er hat ... Schwestern und ... Brüder.

Wohnung

Wo wohnen Sie/wohnst du?

Wir wohnen in ...

Wo lebt er?

Sie lebt in ...

Nachfragen

Wie bitte?

Noch einmal, bitte.

Buchstabieren Sie bitte.

Adresse und Formulare

Guten Tag, sind Sie Frau/Herr ...?

Ja, richtig.

Das stimmt.

Nein, ich bin Frau/Herr ...

Wie ist Ihre Adresse?

Bitte schreiben Sie den Familiennamen und den Vornamen.

Wie ist Ihr Nachname?

In welcher Straße wohnst du?

Wie ist deine Hausnummer?

Schreiben Sie bitte Ihren Wohnort.

Wie ist Ihre PLZ (Postleitzahl)?

Wie sind deine Telefonnummer und Handynummer?

Hast du eine E-Mail-Adresse?

Wie alt sind Sie?

Ich bin ... Jahre alt.

Sein Familienstand ist verheiratet/ledig/geschieden/verwitwet.

Wie ist Ihr Heimatland?

Welche Sprachen sprichst du?

Ich möchte mein Kind anmelden.

Füllen Sie bitte das Formular aus.

Fragewörter

Wer ist das?

Wie viele Kinder hast du?

Wo wohnt sie?

Woher kommt er?

Lektion 3

Was ist das?

Was ist das?

Ja, das ist ein/eine ...

Nein, das ist kein/keine ...

Das ist ein/eine ..., oder?

Entschuldigung, eine Frage. Ist das ein/eine ...?

Hier ist ein/eine/kein/keine ...

Wie heißt das auf Deutsch?

Lernen im Deutschkurs

Lernst du Deutsch?

Ist er im Deutschkurs?

Ja, und du?

Sie ist eine Lehrerin.

Der Lehrer ist nett.

Sie spricht schnell.

Das ist kein Problem, er erklärt alles noch einmal.

Wir sprechen und hören, schreiben und lesen im Deutschkurs.

Er macht viele Übungen.

Wir fragen Frau/Herrn ...

Sie machen die Hausaufgaben.

Sie lernen zusammen.

Er hat eine Frage.

Ja, bitte?

Noch Fragen?

Ein Teilnehmer antwortet.

Er versteht nicht alles.

Noch einmal langsam, bitte.

Wir machen jetzt eine Pause.

Sie sind ... Personen im Deutschkurs.

Der Kurs ist in Raum ...

Unterrichtsmaterial

Wir schreiben mit Kuli und Bleistift.

Das ist mein Mäppchen.

Die Stifte sind auf dem Tisch.

Das ist ein Papierkorb.

Ist das ein Radiergummi?

Ich schreibe die Hausaufgabe in das Heft.

Hast du ein Blatt Papier?

Das ist ein Block.

Er liest das Kursbuch.

Das ist ein Wörterbuch.

Ich höre eine CD.

Ist das ein Rucksack oder eine Tasche?

Eine E-Mail schreiben

Ich schreibe eine E-Mail/Nachricht.

Hallo ..., ...

Liebe(r) ...,

... wie geht es dir?

Viele Grüße

Wochentage

Heute ist Montag.

Morgen ist nicht Dienstag.

Ist übermorgen Mittwoch?

Gestern war Donnerstag.

Endlich Freitag!

Am Samstag ist kein Deutschkurs.

Vorgestern war nicht Sonntag.

Schönes Wochenende.

Morgen haben wir frei.

Lektion 4

Was isst du gern?

Magst du ...?

Ja, ich mag ...

Nein, ich mag keine/keinen ...

Was magst du denn?

Isst du gern ...?

Ich esse/trinke gern ...

Mengenangaben

Er braucht noch ...
... ein Kilo/zwei Kilo ...
... 250/500 Gramm ...
... ein/zwei Pfund ...
... einen/zwei Liter ...
... eine Dose/zwei Dosen ...
... eine Packung/zwei Packungen ...
... eine Flasche/zwei Flaschen ...
... ein Glas/zwei Gläser ...
... einen Becher/zwei Becher ...

Einkaufen

Haben wir noch ...?

Sie schreiben einen Einkaufszettel.

Für das Frühstück/Mittagessen/Abendessen braucht sie ...

Du kaufst den/die/das ...

Guten Tag. Was hätten Sie gern?

Ich möchte bitte ...

Bitte schön.

Wie viel möchten Sie?

Darf es sonst noch was sein?

... ist/sind frisch.
... ist/sind von heute.
... schmeckt/schmecken heute sehr gut.

Ist das alles?

Der Laden ist von ... bis ... Uhr geöffnet.

Der Supermarkt schließt um ... Uhr.

Bitte gehen Sie zur Kasse.

Preise und Bezahlen

Was kostet/Was kosten ...?

Wie teuer ist/sind ...?

... kostet/kosten ... € (pro Kilo).

Was ist diese Woche im Angebot?

Der Kaffee ist ein Sonderangebot.

Liebe Kunden, heute gibt es ein Superangebot an der Fleischtheke.

Das ist aber teuer.

Was macht das?

Das macht ... Euro.

Was möchten Sie essen?

Möchtest du etwas essen?

Ja, gern. Ich nehme vielleicht ...

Was möchten Sie essen?

Was möchte sie trinken?

Trinkt er auch ...?

Vielleicht einen/eine/ein ...?

Was isst du zum Frühstück/Mittagessen/Abendessen?

Lektion 5

Tagesablauf

Morgens steht er auf.

Am Morgen macht sie Sport.

Mittags kocht er Essen.

Am Mittag ist sie zu Hause.

Sie arbeitet vormittags im Büro.

Du telefonierst am Vormittag.

Nachmittags kaufen sie im Supermarkt ein.

Am Nachmittag putzt er die Wohnung.

Ich lerne abends Deutsch.

Am Abend sehen wir zusammen fern.

Nachts schlafe ich.

Wann spielt ihr ein Computerspiel?

Telefonierst du morgens?

Uhrzeit und Zeitangaben

Wie spät ist es?

Wie viel Uhr ist es?

Entschuldigen Sie, können Sie mir sagen, wie spät es ist?

Ist es schon ... (Uhr)?

Es ist ... (Uhr).

Es ist viertel vor/nach ...

Es ist halb ...

Es ist ... vor/nach ...

Schon so spät? Ich habe gar nicht auf die Uhr gesehen.

Wann beginnt der Kurs?

Der Kurs beginnt wie immer um ... (Uhr).

Der Supermarkt öffnet um ... (Uhr).

Der Getränkemarkt ist ab ... (Uhr) geöffnet/geschlossen.

Von wann bis wann spielst du Fußball?

Sie arbeitet von ... bis ... (Uhr).

Er macht eine halbe Stunde Mittagspause.

Sie kommt in ... Minuten.

Telefonierst du immer noch?

Häufigkeit

Sie steht immer früh auf.

Er geht nachmittags oft zum Deutschkurs.

Manchmal gehen sie abends spazieren.

Sie macht nie die Hausaufgaben.

Verabredungen

Hast du am Wochenende Zeit?

Ja, ich habe Zeit.

Nein, ich habe leider keine Zeit.

Nein, leider nicht.

Was macht ihr am Freitag?

Was machst du morgen?

Wir spielen am Mittwoch Fußball. Kommst du mit?

Ja, ich komme gern.

Schade, ich kann leider nicht kommen.

Kommt er auch?

Ich rufe ihn an und frage ihn.

Super, dann bis abends.

Lektion 6

Wohnungssuche

Wir suchen eine Wohnung.

Ich brauche eine ...-Zimmer-Wohnung.

Die Wohnung hat ein Wohnzimmer, ein Schlafzimmer, eine Küche und ein Bad.

In meiner Wohnung brauche ich ein Kinderzimmer und ein Arbeitszimmer.

Die Wohnung sollte ruhig sein.

Die Wohnung darf nicht laut sein.

Sie darf maximal ... Euro kalt kosten.

Mehr als ... Euro warm kann er nicht zahlen.

Wohnungsanzeigen

Sie vermietet eine ...-Zimmer-Wohnung.

Die Wohnung ist ... Quadratmeter groß.

Die Kaltmiete beträgt ... Euro.

Die Nebenkosten sind ... Euro.

Als Kaution zahlen Sie ... Monatsmieten.

Die Wohnung liegt ...
... in der Innenstadt.
... in der Stadtmitte.
... im Stadtzentrum.
... am Stadtrand.

Die Wohnung ist frei ab ...

Meine Wohnung liegt im Erdgeschoss/... Obergeschoss/Dachgeschoss.

Die Wohnung hat ...
... einen Balkon.
... einen Garten.

Wohnung beschreiben

Wir haben eine Wohnung gefunden.

Sie sind umgezogen.

Leider ist die Wohnung nicht billig, sie ist ein bisschen teuer.

Wie viele Zimmer hat deine Wohnung?

Meine Wohnung ist (nicht) groß.

Der Flur ist lang und schmal.

Das Kinderzimmer ist klein.

Die Küche ist nicht dunkel.

Sein Bad hat eine Badewanne, aber keine Dusche.

Das Wohnzimmer ist hell und groß.

Die Zimmer sind richtig gemütlich.

Mein Lieblingszimmer ist das Wohnzimmer.

Der Balkon ist breit.

Möbel

Sie brauchen eine Lampe.

Wie findest du die Stühle?

Den Teppich finde ich schön.

Der Kleiderschrank ist praktisch.

Ihr Esstisch ist schon alt.

Sie sucht Bilder für ihre Wohnung.

Die Wachmaschine ist kaputt.

Das Sofa gefällt mir sehr gut.

Der Schreibtisch ist neu.

Das Bett ist zu klein.

Er braucht keinen Fernseher.

Sie kauft eine Kaffeemaschine.

Das Regal ist schön und günstig.

Ich möchte einen Sessel kaufen.

Bildquellen
Cover: BillionPhotos.com/stock.adobe.com; **U2:** ii-graphics/stock.adobe.com; **S. 4** Jan Kocovski/telc gGmbH; **S. 7** großes Foto: Jan Kocovski/telc gGmbH; untere Reihe: Rawpixel.com/fotolia.com; Oleg Doroshin/fotolia.com; agcreativelab/fotolia.com; **S. 8** Jan Kocovski/telc GmbH; Jeanette Dietl/fotolia.com; pixelrobot/fotolia.com; moonrise/fotolia.com; pixelrobot/fotolia.com; kir_prime/fotolia.com; **S. 9** oben: T. Sander/fotolia.com; innaso4inska/fotolia.com; sester1848/fotolia.com; unten: (1) robert/fotolia.com; (2) Mercedes Fittipaldi/fotolia.com; (3) olegganko/fotolia.com; (4) MP2/fotolia.com; (5) the_lightwriter/fotolia.com; (6) Oleg Doroshin/fotolia.com; (7) Khvost/fotolia.com; (8) Alexandra Karamyshev/fotolia.com; **S. 10** uwimages/fotolia.com; dimedrol68/fotolia.com; i-picture/fotolia.com; destina/fotolia.com; **S. 11** Family Business/fotolia.com; **S. 12** photocrew/fotolia.com; kath81/fotolia.com; ExQuisine/fotolia.com; Barbara Pheby/fotolia.com; ExQuisine/fotolia.com; mallinka1/fotolia.com; **S. 13** Alpha C/fotolia.com; **S. 15** großes Foto: Jan Kocovski/telc gGmbH; untere Reihe: eyeQ/fotolia.com; Kenishirotie/fotolia.com; Calado/fotolia.com; **S. 16** Jan Kocovski/telc GmbH; **S. 17** Rawpixel.com/fotolia.com; **S. 18** RioPatuca Images/fotolia.com; djama/fotolia.com; SdelMo/fotolia.com; thostr/fotolia.com; bilderzwerg/fotolia.com; thostr/fotolia.com; blende11.photo/fotolia.com; T.Michel/fotolia.com; **S. 19** Lars Zahner/fotolia.com; endostock/fotolia.com; contrastwerkstatt/fotolia.com; Nils Warkentin/fotolia.com; **S. 21** Coloures-pic/fotolia.com; Jan Kocovski/telc GmbH; **S. 23** großes Foto: Jan Kocovski/telc gGmbH; untere Reihe: klickerminth/fotolia.com; tunedin/fotolia.com; Jan Kocovski/telc gGmbH; **S. 24** ChantalS/fotolia.com; **S. 25** Jan Kocovski/telc gGmbH; **S. 26** WavebreakmediaMicro/fotolia.com; klickerminth/fotolia.com; **S. 27** klickerminth/fotolia.com; **S. 28** ChantalS/fotolia.com; **S. 31** großes Foto: Jan Kocovski/telc gGmbH; untere Reihe: akf/fotolia.com; Alex Staroseltsev/fotolia.com; Gina Sanders/fotolia.com; **S. 32** Jan Kocovski/telc gGmbH; Tobias Hüfler/fotolia.com; **S. 33** vladstar/fotolia.com; Kenishirotie/fotolia.com; Nik_Merkulov/fotolia.com; Alex Staroseltsev/fotolia.com; akf/fotolia.com; fizkes/fotolia.com; Picture-Factory/fotolia.com; vadymvdrobot/fotolia.com; Oksana Kuzmina/fotolia.com; Creativa Images/fotolia.com; **S. 34** olly/fotolia.com; Minerva Studio/fotolia.com; **S. 35** Jan Kocovski/telc gGmbH; motorolka/fotolia.com; Thomas Söllner/fotolia.com; **S. 39** großes Foto: Jan Kocovski/telc gGmbH; untere Reihe: nmann77/fotolia.com; weyo/fotolia.com; contrastwerkstatt/fotolia.com; **S. 40** Rawpixel.com/fotolia.com; Jan Kocovski/telc gGmbH; **S. 41** weseetheworld/fotolia.com; eyewave/fotolia.com; vetkit/fotolia.com; **S. 42** GiZGRAPHICS/fotolia.com; Jan Kocovski/telc gGmbH; **S. 44** StudioLaMagica/fotolia.com; Picture-Factory/fotolia.com; paketesama/fotolia.com; Jan Kocovski/telc GmbH; Blend Images/fotolia.com; **S. 45** Andrey Popov/fotolia.com; Andrey_Lobachev/fotolia.com; **S. 47** großes Foto: Jan Kocovski/telc gGmbH; untere Reihe: Jeanette Dietl/fotolia.com; Sergey Nivens/fotolia.com; Westend61/fotolia.com; **S. 48** Minerva Studio/fotolia.com; BillionPhotos.com/fotolia.com; Minerva Studio/fotolia.com; christianchan/fotolia.com; viperagp/fotolia.com; byheaven/fotolia.com; **S. 49** Daniel/stock.adobe.com; Photographee.eu/stock.adobe.com; Himmelswiese/stock.adobe.com; Andrea/stock.adobe.com; **S. 50–51** Jan Kocovski/telc gGmbH; **S. 52** Westend61/fotolia.com; PhotoSG/fotolia.com; Waldemar Milz/fotolia.com; daniel180672/fotolia.com; **S. 53** Syda Productions/stock.adobe.com; Настя Короткова/stock.adobe.com; Тарас Нагирняк/stock.adobe.com; stokkete/stock.adobe.com; Viacheslav Lakobchuk/stock.adobe.com; Joshua Resnick/stock.adobe.com; JackF/stock.adobe.com; Ingo Bartussek/stock.adobe.com; **S. 61** (1) detailblick-foto/fotolia.com; (2)(8) Robert Kneschke/fotolia.com; (3) Henry Schmitt/fotolia.com; (4) Kadmy/fotolia.com; (5) Witschel Mike/MEV Verlag GmbH; (6) Sergey Ryzhov/fotolia.com; (7) Monkey Business/fotolia.com; **S. 64** Karl Holzhauser/MEV Verlag GmbH; GEWA Fotostudio/MEV Verlag GmbH; **S. 66** Andrey Kiselev/fotolia.com; Frank Merfort/fotolia.com; Syda Productions/fotolia.com; halayalex/fotolia.com; **S. 72** djama/fotolia.com; Dmitri Stalnuhhin/fotolia.com; **S. 120** Mara Zemgaliete/stock.adobe.com; Robert Kneschke/stock.adobe.com; Christian Albert/MEV Verlag GmbH; Sergii/stock.adobe.com; **S. 121** kuvona/stock.adobe.com; Karl Thomas/MEV Verlag GmbH; LIGHTFIELD STUDIOS/stock.adobe.com; Konstantin Yuganov/stock.adobe.com; **U3:** Vectonauto/vecteezy.com; pyty/stock.adobe.com; **U4:** NAMPIX/stock.adobe.com; piyaset/stock.adobe.com; M+Isolation+Photo/stock.adobe.com; Prostock-studio/stock.adobe.com; fizkes/stock.adobe.com

Aus dem telc Verlagsprogramm

ZUSATZMATERIAL ZU *EINFACH GUT!*

INTENSIVTRAINING

A1 BIS B1, je 6,50 €

A1.1 978-3-946447-26-9

A1.2 978-3-946447-27-6

A2.1 978-3-946447-29-0

A2.2 978-3-946447-30-6

B1.1 978-3-946447-31-3

B1.2 978-3-946447-32-0

GRAMMATIKTRAINING

DEUTSCH FÜR A1 – B1

978-3-946447-19-1
17,50 €

Nur bei telc: Kursbuch + Arbeitsbuch + Übungstest in einem!
Unter **www.telc.net/shop** können alle Lehrwerke bestellt werden.
Weitere Informationen zum telc Gesamtprogramm aus Lehrmaterialien, Prüfungen und Weiterbildungen: **www.telc.net/verlagsprogramm**
Gern beraten wir Sie: **aussendienst@telc.net**

ANZ_1002